Es heilt

param

# Dieses Buch heilt

durch die sublime Kraft, die es verströmt. Es sind nicht die Wörter und Sätze, auch nicht die Ideen, die sie vermitteln, es ist die Schwingung im Herzen, die durch das Empfangen dieser Worte erzeugt wird. Von dort breiten sie die göttliche Kraft im Lesenden aus und tun ihr alles durchdringendes Heil.

Heilung kann nicht von außen kommen. Ob Heilung des Körpers, der Seele oder von Beziehungen geschehen soll, von außen kann Heilung nur unterstützt werden, denn sie geschieht immer von innen. Kein Arzt der Welt kann eine Wunde zuwachsen lassen, allein die im Körper wirkende schöpferische Kraft vermag das. Kein Therapeut kann die geistige Erregtheit und Verwirrung eines Klienten beseitigen, nur die stille Kraft göttlicher Gnade bringt den Geist zur Ruhe und öffnet die Seele. Kein Mensch kann das Misstrauen, den Hass und die Angst in dieser Welt mit Erfolg bekämpfen, die alles durchdringende Liebe aber kann jedem den Frieden schenken, nach dem wir uns alle so sehr sehnen.

Alle großen Seelen, die der Menschheit auf ihrem Weg Leuchtfeuer waren und sind, sprechen aus dem Herzen und nicht aus dem Mund. Die Zuhörer hängen ihnen an den Lippen, doch ihre Wörter sind bestimmt von Zeit und Gelegenheit. Die göttliche Kraft aber, die den Gottesmann erfüllt, lässt seine Rede ganz unabhängig vom Thema auf eine Weise schwingen, dass sie die Herzen der Zuhörer direkt berührt. Deshalb hört man immer wieder, dass in einem großen Auditorium doch jeder Einzelne das Gefühl hatte, ganz direkt und persönlich angesprochen zu sein. Worte vermögen das nicht, sondern allein eine Liebe, die dem gelebten Bewusstsein der Einheit entspringt. Die himmlische Kraft solcher Worte bleibt erhalten, selbst wenn sie aufgeschrieben und über Jahrzehnte aufgehoben werden.

Meher Baba hat die letzten 43 Jahre seines Erdenlebens geschwiegen. Seine Worte haben nie den Umweg über den Mund gemacht. Trotzdem oder gerade deswegen berühren sie unser Herz auch heute noch in seiner höchsten Höhe und stimulieren die unbegrenzte Energie und Intelligenz, die alles durchdringt und alles vermag. Wenn man diesen geistigen Strom aus dem Herzen des Avatars offen und still durch sich hindurchfließen lässt, beruhigt er den Geist und öffnet das Herz. Dann kann Heilung geschehen.

Lesen Sie dieses Buch, wie man eine Medizin einnimmt, täglich in angemessenen Dosen. Denken Sie nicht lange über die Wörter nach, sondern lassen den tosenden Strom göttlicher Liebe durch sich hindurchfluten und alle Ecken und Winkel Ihres Seins ausspülen. Lesen Sie fortgesetzt oder an zufällig aufgeschlagener Stelle und wenn Sie mit dem Buch durch sind, fangen Sie einfach wieder von vorne an.

Diese ›Anwendung‹ empfehle ich Ihnen zunächst 21 Tage lang* ohne Unterbrechung. Danach erst nehmen Sie Abstand und betrachten Ihren Alltag, wie sich Ihr Fühlen, Denken und Handeln gewandelt hat, welche Veränderungen sich bereits andeuten. Dann werden Sie verstehen, wie dieses Buch heilt. Eine Tür wird sich öffnen, wenn auch erst nur für einen schmalen Spalt. Doch durch diesen Spalt fällt ein Schein, der so sehr verlockend ist. Seien Sie gewiss, weitere Schritte werden sich wie von selbst ergeben. Hinter der Tür warten göttliches Licht und göttliche Liebe auf Sie, um Sie für immer in ihre Arme zu schließen und Ihnen den Himmel auf Erden zu bereiten, komme, was wolle.

*Der Herausgeber*

---

*Es braucht 21 Tage, bis sich neue Eindrücke durch Bildung von entsprechenden Synapsenstrukturen im Gehirn dauerhaft etabliert haben.

Avatar Meher Baba

# *Es heilt*

Ein heilendes Buch
über die Kraft der Liebe

param

Bibliografische Information der Deutschen Nationalbibliothek

Die Deutsche Nationalbibliothek verzeichnet diese Publikation
in der Deutschen Nationalbibliografie;
detaillierte bibliografische Daten sind im Internet über
http://dnb.d-nb.de abrufbar.

übersetzt und arrangiert
von Günter Kieser

zusammengestellt aus dem Buch »On Love«
Meher Era Publication, Poona 1966,
mit freundlicher Genehmigung von K. K. Ramakrishnan
vom Avatar Meher Baba Poona Center

und aus »Das Buch der Liebe«, Param Verlag, 1989

Gestaltung   ComGraphiX, Ahlerstedt
Umschlagfoto   © Annett Goebel
Gesamtherstellung   Finidr, Cesky Tesin

ISBN 978-3-88755-3-112-4

www.param-verlag.de

## Das wirkliche Gebet

Ich bin gekommen, um den Samen der Liebe in eure Herzen zu säen, damit trotz aller oberflächlichen Verschiedenheit, die ihr durch eure Illusion erfahren und erdulden müsst, durch Liebe das Gefühl des Einsseins in allen Nationen und Religionen geweckt wird.

Alle Hymnen und alle Gebete aller Religionen lobpreisen die ewige göttliche Wahrheit. Alle Gebete führen dich unmittelbar in deine eigene Seele, an den Ort, wo alle Worte, in welcher Sprache auch immer, gesprochen und verstanden werden. Dort findest du deine göttliche Wahrheit, die viel mehr um deine wahren Bedürfnisse weiß, als dein Intellekt sich vorstellen kann.

Das aufrichtigste Gebet ist ein Strom spontaner Liebe, Freude und Dankbarkeit, der aus dem Herzen aufsteigt. Es ist Ausdruck eines befreiten Geistes, der um nichts mehr bittet. In den meisten Gebeten bittet der Suchende um materielle oder spirituelle Güter. Doch das Göttliche in ihm ist bereit, viel mehr zu geben, als der Be-

9

tende aufzunehmen vermag, und es kennt die tatsächlichen Bedürfnisse.

Das wirkliche Gebet ist Ausdruck spontaner Lobpreisung. Es ist nicht dazu da, mit IHM Geschäfte zu machen oder einen Handel abzuschließen, es ist die spontane Erkenntnis SEINER Anwesenheit. Es ist die tiefe Erfahrung des Seins als Liebe, Licht, unendliche Macht, Weisheit und Glückseligkeit. Es ist die Rückkehr in dein wahres Wesen.

## Jetzt

Die Quelle unendlicher Glückseligkeit ist allein das Selbst. Der Grund für fortgesetztes Elend ist allein die Selbstsucht. Solange egoistische Absichten verfolgt werden, um Befriedigung zu finden, wird immer Elend entstehen.

Nur die unendliche Liebe und Gnade Gottes ermöglicht dem Menschen, durch die Lektionen weltlichen Elends verstehen zu lernen, dass die Quelle unbegrenzter Glückseligkeit in ihm drinnen liegt und dass alles Leiden ein Wirken der Liebe ist, um das eigene unendliche Selbst zu enthüllen.

Durch Verstrickung in das Gegenwärtige und Vergehende schneidet sich der Mensch vom Ewigen und Fortdauernden ab. Jeder Augenblick, mit dem du konfrontiert wirst, kann den Griff des Falschen fester machen oder dich zur Wahrheit führen. Gott ist die einzige Realität und ER ist Ursprung aller Liebe, aller Anmut, allen Friedens und allen Glücks. Selbst im und durch das flüchtige Jetzt lädt Gott den Menschen ewig zu sich ein und versichert, dass ER selbst die Wahrheit menschlichen Seins ist. Wer es wagt, Gott in allem und jedem anzusehen und zu lieben, erfährt IHN als ewige unmittelbare Gegenwart.

> *Allen Erklärungen und allem Lesen von Büchern zum Trotz bleiben Wörter bloße Wörter. Sie bringen einen über intellektuelle Befriedigung nicht hinaus. Nur Liebe zu Gott bewirkt das Wunder, weil Liebe jenseits von Verstand und Vernunft ist.*

Erst wenn sich der Verstand gründlich vom Falschen gelöst hat, kann sich der Mensch vom wiederholten Griff des flüchtigen Augenblicks befreien. Dann und nur dann kann er sich im ewigen Jetzt gründen, das unbegrenzt andauernd die ewige Vergangenheit und die ewige Zukunft einschließt. Das ewige »Ich bin« ist eine unfehlbare Gewissheit der einzigen Wirklichkeit, die immer war, ist und sein wird.

Der Weg zu Frieden und Erfüllung in Vereinigung mit Gott, dem Göttlichen Geliebten, ist ein mutiger Sprung ins ewige Jetzt. Nicht durch die vergeblichen Unternehmungen der Vergangenheit, noch durch vage Erwartungen an die Zukunft noch durch Abhängigkeit vom flüchtigen Augenblick kannst du dich selbst als grenzenlosen Ozean von Liebe erfahren, sondern allein, indem du alles auf Gott setzt. Dort und nirgendwo sonst liegt die endgültige Lösung aller deiner Probleme. Liebe, die aus der Wahrheit hervorgeht, befreit, ohne zu binden, und erfüllt ohne zu überwältigen. Sie ist ein reiner Segen nicht nur für dich selbst, sondern für jeden und alle für immer und immer im ewigen Jetzt.

## Die Gnade der Liebe

Das getrennte Ego zu bejahen, ist der Schleier zwischen dem Menschen und seinem göttlichen Selbst. Soll Gott als der Höchste Geliebte in das Herz einziehen, muss die Ego-Bejahung aufgegeben und die Pforte des Herzens aufgerissen werden.

Sobald die Seele ein erstes zartes Bewusstsein Ihres unbegrenzten und ewigen Seins zu entfalten beginnt, wird sie mit ihrem eigenen Schatten konfrontiert und verliert sich augenblicklich im Spiel der Illusion. Dieses Spiel, dieses Schauspiel oder *Tamasha* dauert in dieser oder jener Form während der gesamten Reise der Seele zur Wahrheit an.

> *Aus Liebe entstand das Universum, um der Liebe willen wird es erhalten.*

Die meisten Menschen spielen mit Illusionen wie Kinder mit Spielzeug. Wenn du dich von den flüchtigen Dingen dieser Welt gefangen nehmen lässt und trügerischen Werten anhängst, ist Leiden unausweichlich. Doch wenn du felsenfesten Glauben hast und flammende Liebe für Gott, kann dich nichts Weltliches erschüttern. Schmeicheleien werden dich nicht berühren. Heiterkeit wird dich nicht blenden und Elend nicht erschüttern.

Deshalb höre nicht auf die Stimme des Verstandes, höre auf die Stimme des Herzens. Der Verstand schwankt, das Herz zögert nicht. Der Verstand ängstigt sich, das Herz ist unverzagt. Der Verstand ist ein

Pferd aus Zweifeln, Abwägen und Theoretisieren, das Herz wird, wenn es gereinigt ist, zum Tempel Gottes. Befreie dein Herz von niedrigen Sehnsüchten, Versuchungen und Selbstsucht und Gott wird sich in dir als dein eigenes Selbst manifestieren.

> *Der Pfad der Liebe fordert nur ein einziges Opfer. Dieses Opfer ist dein Ego, dein falsches Ich.*

Sei zufrieden mit deinem Los, ob reich oder arm, zufrieden oder unglücklich, und verstehe, dass es Gott für dein Wohl so entworfen hat. Nimm Seinen Willen an. Es ist keine Willkür, dass die Menschen in Reiche und Arme, Verhätschelte und Missachtete, Herrscher und Beherrschte, Unterdrücker und Unterdrückte, Hochgestellte und Untergeordnete, Lorbeerbekränzte und Beschimpfte aufgeteilt sind.

Du warst ewig und wirst ewig sein. Du hattest unzählige Gestalten als Mann und Frau, wundervoll und hässlich, stark und schwach, gesund und kränklich, einflussreich und hilflos. Und nun bist du wieder hier in einer anderen Gestalt. So wirst du mit immer neuen Gestalten ausgestattet, bis du spirituelle Freiheit erlangst. Warum also kurzlebige Erleichterung suchen, die doch nur noch mehr Bindungen im Gefolge hat? Bitte Gott nicht um Geld, Ruhm, Macht, Gesundheit oder Kinder, suche die Gnade seiner Liebe, die dich zu ewiger Glückseligkeit führt.

So wie es ist, zieht dich die Wirklichkeit zu sich hin und die Illusion zieht dich gleichfalls zu sich. Wenn du dich von der Anziehung der Wirklichkeit abwendest, dann versinkst du unweigerlich im Ozean der Illusionen. Wenn du der Anziehung der Wirklichkeit und den Verlockungen der Illusion gleichzeitig nachgibst, zerreißt es dich. Deshalb ist es das Beste, den Sog der Illusion durch Liebe aufzulösen und eins mit der Wirklichkeit zu werden.

*Es liegt im Wesen der Liebe, sich selbst zu übertragen – wer sie nicht hat, empfängt sie von denen, die sie haben. Wer aber Liebe von anderen empfängt, kann nicht umhin, mit etwas zu antworten, das selbst vom Wesen her Liebe ist.*

Wenn sich die Seele nach innen wendet und sich nach Selbsterkenntnis sehnt, wird sie spirituell. Doch selbst dann besteht für einige Leben die Gewohnheit fort, irgendein Schauspiel sehen zu wollen. Die Seele will Wunder erleben oder spektakuläre Erscheinungen, und in einem fortgeschritteneren Stadium will sie selbst Wunder vollbringen und Erscheinungen beeinflussen. Selbst spirituell fortgeschrittene Seelen finden es schwierig, die Neigung zu überwinden, mit Illusionen zu spielen. Bindung an Wunder ist nur eine andere Fortsetzung der Gewohnheit, mit Illusionen zu spielen. Deshalb sind es nicht Wunder, sondern es ist Verständnis, das dir wahren Frieden bringen kann. Wenn du festen Glauben hast und unerschütterliche Liebe, ist dein Pfad zur unvergänglichen Wahrheit deutlich und sicher. Mögest du durch Liebe und Wahrheit geführt werden. Nicht durch endloses Manövrieren durch Illusionen, sondern durch Treue zur unveränderlichen Wahrheit kannst du hoffen, unvergänglichen Frieden zu finden.

 ## Wie man Gott liebt

Die einfache Art, Gott zu lieben, besteht darin, unsere Mitmenschen zu lieben. Wenn wir für andere dasselbe empfinden wie für jene, die uns am nächsten sind, dann lieben wir Gott. Wenn wir, statt Fehler in anderen zu sehen, in unser eigenes Inneres blicken, dann lieben wir Gott. Wenn wir, statt andere zu berauben, um uns zu bedienen, uns selbst berauben, um anderen zu dienen, dann lieben wir Gott. Wenn wir leiden am Leiden anderer und uns freuen an der Freude anderer, dann lieben wir Gott. Wenn wir uns, statt über unser Missgeschick zu klagen, als begünstigt sehen, dann lieben wir Gott. Wenn wir unser Los mit Geduld ertragen und uns damit zufriedengeben, indem wir es als SEINEN Willen annehmen, dann lieben wir Gott. Wenn wir einsehen und fühlen, dass die höchste Andacht und Anbetung Gottes darin besteht, keinem SEINER Wesen Leid oder Schaden zuzufügen, dann lieben wir Gott.

Um Gott so zu lieben, wie ER geliebt werden sollte, müssen wir für Gott leben und für Gott sterben – im Wissen darum, dass es Ziel des Lebens ist, Gott zu lieben und IHN als unser eigenes wahres Selbst zu finden.

## Die zärtliche Stimmung von Liebe

Der Meister genießt, wann immer er will, *Madhur Bhava*, die zärtliche Stimmung von Liebe, in der die Dualität durch die Verwirklichung der Unermesslichkeit des Einen erleuchtet wird. In *Maha Bhava,* dem überwältigenden Bewusstsein unbegrenzter Einheit ist keinerlei Raum für jedwede Vielheit. *Maha Bhava* ist viel seltener als *Madhur Bhava,* doch der Meister kann es genießen, selbst wenn er isst, spricht oder anderes tut. *Madhur Bhava* kann dem Schüler durch entsprechende spirituelle Eindrücke vermittelt werden, doch *Maha Bhava* ist dem Wesen nach jenseits aller Eindrücke und kann deshalb auch nicht kommuniziert werden. Wenn die Zeit reif ist, erwacht es von innen heraus.

> *Wenn du wirklich liebst, ist es dein Herz, das spricht, und dein Intellekt hört nichts davon.*

 ## Unendliche Liebe

Wer Gott allein intellektuell verstehen will, landet bei irgendeinem kalten und trockenen Konzept, das die wahre Essenz der göttlichen Natur verfehlt. Es stimmt, dass Gott unbegrenztes Wissen ist, unendliches Dasein, grenzenlose Macht und un-

18

eingeschränkte Glückseligkeit, doch Gott wird nicht in seinem Wesenskern verstanden, bevor er nicht auch als bedingungslose Liebe erkannt wird.

In dem Grundzustand, aus dem das gesamte Universum hervorkommt und in den es sich schließlich wieder zurückziehen wird, ist Gott ewige unendliche Liebe. In der Phase dazwischen erscheint ein illusionäres Universum von Dualität. Wird Gottes Liebe nur im begrenzten Rahmen der Formen gesehen, die dort erscheinen, dann scheint es, als sei seine Grenzenlosigkeit eingeschränkt.

> *Wenn wahre Liebe erwacht, führt sie zu Gottverwirklichung und ewiger Glückseligkeit, die Sinn der Schöpfung sind.*

Die göttliche Liebe erfährt sich in und durch die manifestierten Formen des Universums selbst. Dabei durchläuft sie verschiedene Stufen. Zunächst erlebt sie sich als extrem begrenzt, nach und nach als immer weniger begrenzt und schließlich mehr und mehr als unbegrenzte Liebe, bis sie sich als das erlebt, was sie wirklich ist, unendlich in ihrem Wesen und Dasein.

Die Erfahrung begrenzter Liebe entsteht durch die Unwissenheit, die von den Sinneseindrücken verursacht wird. Sie sind

Nebenprodukte der Evolution des Bewusstseins. Deshalb verblassen die einengenden Sinneseindrücke in dem Prozess, in dem die Liebe grenzenlos wird, mehr und mehr.

> *Wenn du nur einen Tropfen der göttlichen Liebe kosten kannst, was für eine wunderbare Erfahrung wird das sein.*

Nachdem die Liebe durch die nahezu unbewussten Zustände im Reich der Mineralien gegangen ist, wird sie sich in den Tieren als Begierde bewusst. Auch im menschlichen Bewusstsein erscheint sie zunächst in Form von Verlangen. Begehren ist die beschränkteste Form von Liebe im menschlichen Bewusstsein. Auch wenn sie sich auf andere Menschen bezieht, so ist Lust doch in keiner Weise von Selbstsucht zu unterscheiden, weil alle Objekte der Begierde zur Befriedigung und aus dem Blickwinkel des begrenzten und abgetrennten Selbst erstrebt werden. Gleichzeitig ist Begehren eine Form der Liebe, weil sie eine gewisse Art von Wertschätzung für das Andere enthält, auch wenn diese Wertschätzung durch völlige Unwissenheit vom wahren Selbst verunreinigt ist.

Wenn das menschliche Bewusstsein vollständig in der Dualität der groben Ebene verfangen ist, kann sich die Liebe als nichts anderes als Lust in irgendeiner Form ausdrücken. Leute mögen Curry, weil er den Gaumen kitzelt. Es gibt keine höheren Gründe, also ist es eine Form von Lust. Es ist nur ein Verlangen nach der Geschmacksempfindung. Auch der Verstand hat Verlangen nach körperlichen Empfindungen wie sehen, riechen, hören, fühlen und nährt sein grobes Ego-Leben mit der Erregung, die er aus diesen Empfindungen zieht.

Lust jeder Art ist unabhängig vom Geist dahinter eine Verstrickung mit groben Formen. Sie ist ein Ausdruck bloßer Verhaftung an die Sinnesobjekte. Weil das Herz aber von keiner Art von Lust genährt wird und sich darin nicht ausdrücken kann, wird es zu einem dauerhaften Loch und gerät in einen Zustand endlosen Leidens und Unerfülltheit. Liebe, die sich ganz und gar nur als Lust ausdrückt, ist extrem beschränkt, weil sie hilflos in den Fängen unablässigen Verlangens ist.

Ist das Herz im Griff der Lust, bleibt der Geist in einem Zustand des Irrglaubens und der Benommenheit. Sein Funktionieren ist bedenklich eingeschränkt und durch diese beengende Dummheit verdreht. Die höheren Möglichkeiten des Ausdrucks und der Erfüllung werden missachtet. So wird des Lebens des Geistes unterdrückt und eingeengt, was vollkommene Bindung bewirkt.

> *Wahre Liebe bedeutet die Hingabe des eigenen Selbst, die völlige Aufgabe des eigenen Selbst für den Geliebten. Sie sucht das Glück des Geliebten und denkt nicht einmal daran, vom Geliebten glücklich gemacht zu werden.*

Lust ist die begrenzteste Form der Liebe unter der Knechtschaft der Unwissenheit. Die der Lust eigene Unzulänglichkeit verrät sie als unangemessenen Ausdruck von etwas Tieferem, das gewaltig und grenzenlos ist. Durch das unzählige und nicht endende Leiden, von dem Lust begleitet wird, und die fortgesetzte Erfahrung von Enttäuschung, die sie mit sich bringt, meldet die Seele unaufhörlich und unnachgiebigen ihren Protest gegen die schiere Oberflächlichkeit eines Lebens bloßer Lust an. Auf diese Weise macht die Stimme grenzenloser göttlicher Liebe den Anspruch ihrer Wirklichkeit geltend.

Selbst im niedrigen Leben der Lust auf der groben Ebene drückt sich Gott selbst als Liebender aus, doch es ist ein Stadium des Liebenden, in dem er völlig unwissend bezüglich seiner eigenen wahren Natur und der des Geliebten ist. In diesem

22

Stadium ist der Liebende durch den festen Vorhang nicht verstandener Dualität
erbarmungslos vom Geliebten getrennt.
Nichts desto weniger ist dies der Anfang
eines langen Prozesses, in dessen Verlauf der Liebende durch
den verhüllenden Vorhang der
Unwissenheit hindurchbricht
und seine eigene Wahrheit un-
bedingter und unbehinderter
Liebe erlangt. Doch um in die
unbegrenzte Liebe eingeweiht
zu werden, muss der Liebende
durch zwei weitere Zustände gehen, die
für die subtile und mentale Sphäre typisch
sind.

*Liebe ist etwas, das uns von innen ergreifen, nicht aber von außen begriffen werden kann.*

Der Liebende auf der subtilen Ebene ist
nicht von Lust frei, doch die Lust, die er
erlebt, ist nicht so umfassend wie die auf
der großen Ebene. Die Intensität der Lust
ist in der subtilen Sphäre nur halb so stark
wie in der groben. Außerdem kommt es
nicht zum groben Ausdruck der Lust wie
auf der groben Ebene. Der Liebende ist in
der groben Sphäre unlöslich mit den groben Objekten verstrickt, also drückt sich
seine Lust auch auf grobe Weise aus. Der
Liebende auf der subtilen Ebene ist jedoch
von den Verhaftungen an die groben Ob-

23

jekte befreit und deshalb bleibt die Lust in grober Form unausgedrückt. Sein Begehren drückt sich subtil aus. Weil so etwa die Hälfte der ursprünglichen Lust der groben Sphäre sublimiert wird, erfährt der Liebende auf der subtilen Ebene Liebe nicht als vollkommen von Lust bestimmt, sondern in höherer Form als die Sehnsucht, mit dem GELIEBTEN vereint zu sein.

Liebe drückt sich also auf der groben Ebene als Begehren und auf der subtilen als Sehnsucht aus. Lust ist ein Gieren nach Empfindungen und als solches vollkommen selbstsüchtig motiviert. Es missachtet das Wohlsein des Geliebten vollkommen. Sehnsucht ist weniger selbstsüchtig und obwohl sie immer noch auf bestimmte Weise besitzergreifend ist, wird wahrgenommen, dass der Geliebte eigenen Wert und Bedeutung hat.

Sehnsucht ist weniger begrenzt als Begehren. Bei Sehnsucht ist der Schleier der Dualität schon durchsichtiger und weniger hinderlich geworden, weil der Liebende nun bewusst versucht, die Dualität von Liebendem und Geliebten zu überwinden, indem er die Gegenwart des GELIEBTEN sucht. Begehren zielt allein auf das begrenzte Selbst und das Geliebte wird

den groben Bedürfnissen des Selbst un-
terworfen. Sehnsucht richtet sich sowohl
auf das Selbst wie auf das Geliebte und der
Liebende erkennt, dass er für den Geliebten auf die gleiche Weise da ist
wie der Geliebte für ihn.

Der Liebende auf der mentalen Ebene drückt die Liebe auf
noch höhere und freiere Weise aus. Lust ist zwar noch nicht
vollständig verschwunden,
doch sie ist weitgehend sublimiert. Nur etwa ein Viertel des
ursprünglichen Begehrens auf
der groben Ebene ist geblieben

> *Gott hört nur auf
> die Sprache des
> Herzens, die keine
> Zeremonie oder
> Feier braucht,
> sondern nur stille
> Hingabe an den
> GELIEBTEN.*

und das in latenter Form, ohne sich auszudrücken. In der mentalen Sphäre drückt
sich Lust nicht einmal auf subtile Weise
aus. Der Liebende der mentalen Ebene hat
sich von subtilen Objekten gelöst und ist
von besitzergreifendem Sehnen nach dem
Geliebten frei, das für den Liebenden der
subtilen Ebene kennzeichnend ist.

Auf der mentalen Ebene drückt sich
Liebe als vollkommene Hingabe an den
Willen des Geliebten aus. Alle selbstsüch-
tigen Wünsche – die Sehnsucht nach der
Gegenwart des Geliebten eingeschlossen
– sind verschwunden. Jetzt liegt der Akzent

ausschließlich auf dem Wert und Willen des Geliebten. Selbstsucht ist vollständig beseitigt und es kommt statt dessen zu einem Überfließen von Liebe in ihrer reinen Form.

> *Entsagung ist eine Bedingung, reine Liebe zu erfahren. Das heißt aber nicht, allem Weltlichen zu entsagen und in die Wüste, auf den Berg oder in eine Höhle zu fliehen. Es bedeutet, sich in der Welt zu verwirklichen, ohne ihr zu verfallen.*

Doch auch auf der mentalen Ebene ist die Liebe noch nicht grenzenlos, weil der zarte Schleier der Dualität noch immer da ist, der den Liebenden vom GELIEBTEN trennt. Die Liebe ist nicht mehr in den Fängen der Selbstsucht, doch sie ist noch immer nicht unendlich, weil sie durch den begrenzten Geist erfahren wird, so wie sie auf niederen Ebenen durch das Medium niederer Körper erfahren wird.

Erst wenn der individuelle Geist transzendiert wird, wird die Liebe im Sein wie auch im Ausdruck uneingeschränkt bewusst. Solche Liebe wird mit Recht göttlich genannt, weil sie für den Gott-Zustand typisch ist, in den alle Dualität schließlich eingeht. In göttlicher Liebe ist Lust vollständig verschwunden. Sie existiert nicht einmal in latenter Form. Göttliche Liebe ist unbegrenzt in Art und

Ausdruck, weil sie von der Seele durch die Seele selbst ausgedrückt wird. Auf der groben, subtilen und mentalen Ebene ist sich der Liebende der Trennung vom Geliebten bewusst, doch wenn diese Ebenen transzendiert werden, ist der Liebende im Bewusstsein der Einheit mit dem Geliebten. Der Liebende verliert sich im Sein des Geliebten und weis, dass er eins mit dem Geliebten ist. Göttliche Liebe ist von der Knechtschaft der Begierden oder dem begrenzten Selbst vollständig frei. In diesem Zustand der Einheit hat der Liebende kein Sein, das vom GELIEBTEN getrennt ist. Er ist selbst der GELIEBTE.

> *Durch kein irdisches Wissen ist die Liebe zu Gott zu erreichen, aber die Liebe zu Gott dringt durch alles Scheinwissen hindurch.*

So sehen wir Gott als unendliche Liebe, der sich selbst zunächst in die Formen der Schöpfung eingrenzt und dann SEINE Unendlichkeit durch die verschiedenen Stufen der Schöpfung wiederherstellt. Alle Stufen Gottes Erfahrung als begrenzter Liebender gipfeln schließlich darin, dass ER sich selbst als den einzig GELIEBTEN erfährt. Der Weg der Seele ist eine prickelnde göttliche Romanze, in der der Liebhaber, der sich anfangs ausschließlich der

Leere bewusst ist, der Enttäuschung, der Äußerlichkeit, der nagenden Fesseln der Bindung, ganz langsam einen volleren und freieren Ausdruck der Liebe erlangt, um schließlich zu verschwinden und mit dem Göttlichen Geliebten zu verschmelzen, um die Einheit des Liebenden und des Geliebten in der höchsten und ewigen Gewissheit Gottes als unendliche Liebe zu erleben.

> *Ein wahrhaft Liebender muss nicht nur Situationen von Sturm und Stress, Dick und Dünn ins Auge schauen, er muss auch mit gebeugtem Haupt durch sie hindurchwaten, um vom Geliebten seines Herzens umarmt zu werden.*

Wein wird hergestellt, indem Trauben ausgepresst und gekeltert werden, bis sie die Fähigkeit erlangen zu berauschen, wodurch gewöhnlich das Verstehen beeinträchtigt wird. Das nahe und wiederholte Empfinden von Liebe für Gott berauscht ebenfalls, doch lässt es dich verstehen. Solches Verstehen kann nicht durch Verstand oder Intellekt erworben werden. Solange du von Gott getrennt bleibst und Ihn zu verstehen suchst, kannst du Ihn nicht verstehen. Es gibt keine Trennung zwischen dir und Gott. Der Liebende und der Geliebte sind eins. Du bist selbst der Weg. Du bist Gott.

28

## Sexualität

Vor der Bindung an das andere Geschlecht frei zu sein, heißt, von der Vorherrschaft der Sexualität des Körpers frei zu sein, in den sich die Seele inkarniert hat. Dadurch werden die meisten Sinneseindrücke neutralisiert, welche die Seele zwingen, sich mit dem Körper zu identifizieren. Das Transzendieren der Polarität der Geschlechter allein führt nicht zur Überwindung der gesamten Dualität, doch es bringt der Möglichkeit ein gutes Stück näher, die Dualität in allen Formen vollständig zu transzendieren.

Die Geschlechterdualität ist Teil der Dualität als solcher. Deshalb wird sie vollständig gelöst, wenn das größere Problem der Dualität an sich gelöst wird. In der göttlichen Liebe gibt es weder Ich noch Du, weder Mann noch Frau. Der Zweck weiblicher und männlicher Inkarnationen ist derselbe, wie der der Evolution, nämlich dem Menschen zu ermöglichen, seine eigene ungeteilte und unteilbare Existenz zu verwirklichen.

## Der Gegensatz von
## Mann und Frau

Alle Formen von Dualität werden durch Liebe aufgehoben, die nicht bindet. Liebe, die nicht bindet, erlaubt dir nicht, in geistlose Subjektivität zurückzufallen, noch macht sie dich vom Wohlwollen des Anderen abhängig. Sie befreit dich von dem lästigen Wechselspiel der gefühlten Dualität von Ich und Du.

Die vielen Schattierungen der Dualität von Ich und Du erzeugen und erhalten die psychische Trennung mit all ihren Folgen. Keine davon ist übermächtiger als der Geschlechtstrieb. Die sexuellen Gegensätze, die sein Werk sind, finden sich hilflos im Spiel der Illusion gefangen. Die beiden sexuellen Pole können sich unmöglich voneinander trennen, noch können sie sich wirklich vereinigen.

Das vielfältige Wechselspiel der Seelen und die bunt gescheckten Gegensätze von Ich und Du bestehen fort, bis die Seele durch die Gnade irgendeines Erleuchteten in die ungebundene Liebe initiiert wird, die von jeglichem Hauch von Dualität frei ist. Vor dieser befreienden Erfüllung muss jede Seele das Nebeneinander von Ich und Du in zahllosen Inkarnationen erleben. Jede Seele ist getrieben, Erfahrungen in beiden Geschlechtern zu sammeln, indem sie sich mal als männliche Form, mal als weibliche inkarniert. Das eine Mal an das eine Ende der Geschlechtergegensätze gebunden und das andere Mal ans andere Ende, inszeniert die Seele in ihrer eigenen Psyche das Wechselspiel der seelischen Gegensätze, denen sie ausgesetzt ist, bis sie in der Freiheit gefestigt ist, die unterschiedslose und bindungsfreie Liebe bringt. Solche Liebe allein kann das Ich ebenso wie das Du als seine eigene trügerische Schöpfung erkennen, sich über sich selbst erheben und in sich selbst verschwinden, um die unbeschreibliche Erfüllung der ewigen Transzendenz zu erfahren.

> *Liebe und Zwang können sich niemals vertragen.*

Spirituelle Entwicklung geschieht durch die Erfahrung von Gegensätzen wie Freude und Leid, Erfolg und Niederlage, Tugend und Laster. Beide Extreme sind für die Erfüllung des Lebens gleich wichtig, auch wenn sie als Gegensätze erscheinen. Von den vielen Gegensatzpaaren erfordert

das von Mann und Frau besondere Erwäh-
nung und Betrachtung.

Männliche und weiblichen menschliche
Formen werden mit Recht als Geschlech-
tergegensatz bezeichnet. Das
fortgesetzte Entstehen immer
neuer Formen, der Fortbestand
der Arten und der Fluss des in-
karnierten Lebensstroms sind
vom Gegensatz und Wechselspiel der Geschlechter abhängig, besonders auf den höheren
Ebenen der biologischen Evolution. Das ist gleichermaßen
der Fall für die psychische, wie
spirituelle Entfaltung, solange sie im Reich
der Illusion verläuft.

*So wie sich Blumen
durch unendlich
zarte Schattierun-
gen ihrer Farben
unterscheiden, so
zeigt auch die
menschliche Liebe
viele fein abgestufte
Unterschiede.*

Die Gegensätze der Geschlechter und die
Versuche, diese Gegensätze zu überwinden
oder zu versöhnen, sind zugegebenerma-
ßen ein Quell der Inspiration, Sublimation
und Verzweiflung, der das Wechselspiel
der Geschlechter auf der psychischen Ebene umtreibt, bis vollständig und angemes-
sen widerstanden oder verstanden wird.

Eine Besonderheit der Geschlechterpola-
rität ist, dass die Gegensätze in gegensei-
tigem Gleichgewicht verweilen und trotzdem fester aneinander gebunden sind als

andere Gegensätze. Ein Mann, der sich seiner selbst als männlich bewusst ist, ist sich gleichzeitig bewusst, dass Frauen weiblich sind, und die Spannung dieser gefühlten Dualität ist eine beständige Last für ihn, die er oft an jemanden des anderen Geschlechts weitergibt. Das gleiche gilt für eine Frau, die sich ihrer Weiblichkeit besonders bewusst ist. Die Gegensätze erzeugen und erhalten eine belastende Illusion, die auf den Anderen übertragen wird. Wenn diese Illusion von beiden geteilt wird, setzt sie sich exponentiell wachsend fort, statt irgendwie gelindert zu werden.

Die Entlastung vom trügerischen Gegensatz der Geschlechter ist stillschweigende Übereinkunft. Nach und nach wird die Liebe vom unterscheidenden Geschlechtsbewusstsein befreit und das Verständnis erhebt sich über die Besessenheit von einer Form der Dualität, die besonders unterdrückend ist.

*Wenn ein Mensch von tiefer Liebe zu seinem Lebenspartner ergriffen ist, kann nichts zwischen sie treten. Beide verschmelzen in ihrer Liebe zueinander, ohne über eine Begründung dafür nachzudenken oder darüber zu diskutieren, denn Liebe braucht keinen Grund. Wenn schon menschliche Liebe so mächtig ist, wie weit dann kann göttliche Liebe gehen?*

Sexualität ist gewiss eine der wichtigsten Fragen, von denen der menschliche Geist im Bereich der Dualität herausgefordert wird. Sie ist eine der Vorgaben der menschlichen Natur, mit der man umgehen muss. Wie alles andere im menschlichen Leben wird Sexualität als einer der Gegensätze betrachtet, die unvermeidliche Schöpfungen des begrenzten Verstandes sind. So wie der Verstand versucht, das Leben in ein Schema von Alternativen wie Freude oder Schmerz, gut oder schlecht, Einsamkeit oder Gemeinschaft, Anziehung oder Abstoßung zu pressen, so tendiert er in Bezug auf Sexualität dazu, zwischen nachgeben und unterdrücken zu schwanken. Es scheint, als müsse man die eine oder andere Möglichkeit hinnehmen. Trotzdem kann er keine von beiden mit ganzem Herzen annehmen, denn wenn er zu unterdrücken versucht, ist er mit seinem Los unzufrieden und denkt sehnsüchtig an nachgeben. Wenn er nachgibt, wird ihm seine Bindung an die Sinne bewusst und er versucht, sich davon durch unterdrücken zu befreien. Der Geist ist mit beiden Möglichkeiten unzufrieden und daraus entsteht eines der stärksten und kompliziertesten Probleme im menschlichen Leben.

34

Beide Möglichkeiten sind gleichermaßen das Werk von Illusion unter dem irreführenden Einfluss von Begierde. Die Frage von nachgeben oder unterdrücken stellt sich nur im Begehren. Der Drang zu beiden löst sich mit dem vollständigen Verschwinden von Begierde auf. Wenn der Geist von Begierde frei ist, kann er nicht mehr von den falschen Versprechen des Nachgebens oder Unterdrückens bewegt werden.

> *Menschliche Liebe ist für die Vielen in dem Einen, göttliche Liebe ist für den Einen in den Vielen.*

Man sollte aber im Geist haben, dass ein Leben in Freiheit einem enthaltsamen Leben näher ist, als einem ausschweifenden, auch wenn es qualitativ von beiden wesentlich verschieden ist. Deshalb ist für einen Aspiranten ein eheloses Leben vorzuziehen, wenn ihm die Enthaltsamkeit leicht fällt und ohne Selbstunterdrückung ist. Eine solche Enthaltsamkeit fällt den meisten schwer oder ist ihnen unmöglich, weshalb ein Eheleben für sie hilfreicher ist. Für normale Menschen ist das Eheleben zweifellos anzuraten, sofern sie nicht eine besondere Neigung zur Ehelosigkeit haben.

So wie ein enthaltsames Leben die Entwicklung vieler Tugenden fördert, so

unterstützt das Eheleben auch viele spirituelle Eigenschaften. Der Wert des Zöli-
bats liegt in der Gewohnheit der Enthaltsamkeit und dem Gefühl von Gelöstheit
und Ungebundenheit, das sie
vermittelt. Doch solange der
Geist nicht vollkommen frei
von Begierde ist, gibt es keine
wirkliche Freiheit.

> *Liebe ist die Ursache allen Lebens. Liebe allein erzeugt Liebe. Sie kann weder durch Theorie noch durch irgendwelche Techniken erweckt werden.*

Auf der anderen Seite liegt
der Wert des Ehelebens in der
gegenseitigen Anpassung und
dem Gefühl der Einheit mit
dem Anderen. Wahre Einheit
oder Auflösung der Dualität ist
möglich, doch nur durch göttliche Liebe, die niemals dämmern kann,
solange der leichteste Schatten von Lust
oder Begehren im Geist ist. Nur auf dem
Pfad innerer und spontaner Entsagung des
Begehrens ist es möglich, wahre Freiheit
und Einheit zu erlangen.

Für den Unverheirateten wie für den Ver-
heirateten ist der Pfad des inneren Lebens
derselbe. Wenn der Aspirant von der Wahrheit angezogen wird, sehnt er sich nach
nichts anderem mehr, und in dem Maße,
wie ihm die Wahrheit bewusst wird, ent-
lastet er sich nach und nach vom Begehren.

Ob im Zölibat oder in der Ehe ist er dann nicht mehr hin- und hergerissen durch die irreführenden Versprechen von nachgeben oder unterdrücken und er verwirklicht innerlich und spontan die Befreiung vom Begehren, bis er von den trügerischen Gegensätzen frei ist.

Der Pfad zur Vollkommenheit steht dem Aspiranten offen, ob er ehelos oder verheiratet lebt, und von wo auch immer er beginnt, ist er von seinen Eindrücken und karmischen Bindungen abhängig. Er akzeptiert fröhlich die Umstände, die sein vergangenes Leben bestimmt hat, und nutzt sie für seinen spirituellen Fortschritt im Lichte des Ideals, das er erkannt hat.

Der Aspirant muss einen der beiden Wege wählen, die ihm offenstehen. Er muss sich für die Ehelosigkeit oder die Ehe entscheiden und er muss unbedingt einen billigen Kompromiss zwischen beiden vermeiden. In der Ehe ist die Bandbreite der möglichen Erfahrungen, die man mit dem Partner machen kann, so groß, dass Begehren nicht unbedingt die erste Idee ist, die in den Geist kommt. Stattdessen hat der Aspirant eine wirkliche Chance, die begrenzenden Faktoren der Erfahrung zu erkennen und aufzulösen. Durch die

schrittweise Auflösung des Begehrens und das Voranschreiten durch eine Reihe zunehmend reicherer Erfahrungen von Liebe und Hingabe kann er schließlich in der Unendlichkeit ankommen.

Am Beginn der Ehe stehen Begehren und Liebe gleichermaßen, doch mit bewusster und hingebungsvoller Zusammenarbeit können die Eheleute den Anteil des Begehrens schrittweise vermindern und den Anteil der Liebe erhöhen. Dieser Prozess der Sublimation der Lust schafft Platz für tiefe Liebe.

> *Göttliche Liebe lässt dich echt werden, wahrhaftig und glaubwürdig dir selbst und anderen gegenüber. Du erkennst, dass Gott unendliche Wahrheit ist.*

Indem sie Freude und Sorgen teilen, schreiten die Partner von einem spirituellen Triumph zum nächsten, von tiefer Liebe zu noch tieferer Liebe, bis die anfänglich besitzergreifende und eifersüchtige Liebe vollständig durch hingebungsvolle und sich ausdehnende Liebe ersetzt ist. Tatsächlich kann man durch den klugen Umgang mit der Ehe so viel des spirituellen Weges hinter sich bringen, dass es nur noch einer Berührung durch den Meister bedarf, um in das Heiligtum ewigen Lebens erhoben zu werden.

##  Ausgleich

Im Schein einer neuen Liebe oder in der Wärme einer aufkommenden Begeisterung muss man auch andere Qualitäten erwerben. Hoffnung sollte durch Mut gestärkt werden, der Niederlagen mit Gleichmut akzeptieren kann. Enthusiasmus sollte von Weisheit im Zaum gehalten werden, die geduldig auf die Früchte warten kann. Idealistische Träume von der Zukunft sollten durch einen Sinn für die Realitäten der Gegenwart ausgeglichen werden. Und das Leuchten der Liebe sollte sich erlauben, durch das freie und ungehinderte Spiel der Vernunft erleuchtet zu werden.

##  Furcht vor Gott

Viele Menschen sagen, sie würden an Gott glauben oder dass sie IHM vertrauen. Doch sie sagen dies aus überkommener Furcht vor Gott, weshalb es weit davon entfernt ist, wahr zu sein. Wenn sie wirklich an Gott glauben würden, würden sie anders handeln, als sie es tun. Sie fürchten Gott als etwas Unbekanntes, eine Macht, die zu respektieren und der zu gehorchen sie durch Tradition und Mythologie erzogen wurden. Sie fürchten IHN als einen, von dem sie annehmen, dass er den Tugendhaften Anerkennung gibt und die Bösen bestraft. Doch weder ihre Furcht noch ihr Glaube ist tief verwurzelt oder ernsthaft.

Wenn sie ernsthaft an Gott glauben würden, würden sie auf der Stelle und mit großer Ernsthaftigkeit anfangen zu fragen, was Gott ist. Sie würde sich wünschen, Gott zu haben und zu verwirklichen. Dann wären alle ihre Handlungen vollkommen anders. Und wenn sie Gott wirklich ernst nehmen würden und wissen wollten, was ER ist, würde ihnen ihr aller erster flüchtiger Blick auf die Göttlichkeit all ihre unbegründete Furcht nehmen. Sie würden erkennen, dass Gott Liebe ist, und dass sein Plan für alle – sie selbst eingeschlossen – ist, sie zu den höchsten Gipfeln von Vollkommenheit und Glückseligkeit zu erheben, wogegen die irdischen Vergnügungen und selbst die Freude und das Glück der feinstofflichen und mentalen Welt nur blasse und armselige Schatten sind.

Der aller erste Abstieg des Göttlichen in das Herz erweckt die Liebe zu Gott und wenn die Liebe zu Gott kommt, geht die Furcht vor Gott. Liebe zu Gott beseitigt jegliche Furcht und bereitet den Aspiranten darauf vor, sich in Ihm zu verlieren. Die Stärke der Liebe der Anwärter vereint sie mit Gott. So erreichen sie schließlich den höchsten Zustand des Ich-bin-Gott. Wer bis zum Ende dran bleibt, gelangt dort hin.

> *Ich bin der Göttliche Geliebte, der dich mehr liebt, als du dich je selbst zu lieben vermagst.*

## Liebe muss lieben

Gott ist Liebe. Und Liebe muss lieben. Und um lieben zu können, muss es einen Geliebten geben. Weil Gott jedoch unendliches und ewiges Sein ist, gibt es niemanden, den er lieben kann, außer sich selbst. Und um sich selbst lieben zu können, muss es sich selbst als den Geliebten vorstellen, den er als Liebhaber sich vorstellt zu lieben.

Geliebter und Liebhaber bedeuten Trennung. Und Trennung verursacht Sehnsucht. Und Sehnsucht erzeugt Suche. Je weiter und intensiver die Suche, desto größer die Trennung und schrecklicher die Sehnsucht.

Wenn die Sehnsucht am intensivsten ist, ist die Trennung vollständig und ihr Zweck, dass Liebe sich selbst als Liebhaber und Geliebter erfahren kann, ist erfüllt. Dann folgt die Vereinigung. Wenn Einheit erlangt ist, weiß der Liebhaber, dass er selbst die ganze Zeit der Geliebte war, den er geliebt und mit dem er Einheit ersehnt hat, und dass all die unmöglichen Situationen, die er überwunden hat, Hindernisse waren, die er sich selbst in den Weg gelegt hat.

Einheit zu verwirklichen, ist so unendlich schwierig, weil es unmöglich ist, etwas zu werden, was man längst ist. Einheit ist nichts anderes als zu wissen, dass man selbst der Einzige ist.

*Liebe ist die Ursache allen Lebens. Intellektuelles Sinnieren über die Liebe führt dazu, dass du eine Theorie aus dem Stoff der Liebe webst. Dein Herz bleibt jedoch genauso leer wie zuvor. Liebe allein erzeugt Liebe. Sie kann weder durch Theorie noch durch irgendwelche Techniken erweckt werden.*

 ## Liebe und Intellekt

Liebe ist ein Geschenk Gottes an den Menschen, Hingabe ist ein Geschenk des Meisters an Gott und Gehorsam ist ein Geschenk des Menschen an den Meister. Wer liebt, sehnt sich danach, die Wünsche des Geliebten zu erfüllen, und möchte mit dem Geliebten vereint sein. Gehorsam erfüllt den Willen des Geliebten und erwartet Freude. Hingabe ergibt sich dem Willen des Geliebten und erwartet nichts.

Wer liebt, ist der Liebhaber des Geliebten. Wer gehorcht, ist der Geliebte des Geliebten. Jemand der alles aufgibt – Körper, Geist und alles andere – hat kein anderes Dasein als das des Geliebten, der allein in ihm existiert. Deshalb ist Gehorsam größer als Liebe und Hingabe größer als Gehorsam. Aber als Begriffe können alle drei zu einem zusammengefasst werden: göttliche Liebe.

Es gibt zahllose Bände über Liebe in Prosa und Lyrik, doch es gibt wenige, wenige Menschen, welche die Liebe gefunden und erfahren haben. So viel du auch lesen, zuhören und lernen magst, es kann dir nie vermitteln, was Liebe ist. Ganz gleich, wie sehr ich euch Liebe erkläre, ihr werdet sie weniger und weniger verstehen, wenn ihr meint, ihr könntet sie mit dem Verstand oder durch Imagination begreifen.

Hafiz beschreibt die ganze Wahrheit über die Liebe, wenn er sagt: »Die Majestät der Liebe liegt weit hinter dem Vermögen des Intellekts. Nur wer sein Leben im Schilde führt, wagt es, die Schwelle der Liebe zu küssen.«

Der Unterschied zwischen Liebe und Intellekt ist wie der zwischen Tag und Nacht. Sie haben eine Beziehung zueinander und sind doch ganz verschieden. Liebe ist wahre Intelligenz und fähig, die Wahrheit zu erfassen. Der Intellekt ist bestens geeignet, alles über die Welt der Gegensätze zu wissen, die von Unwissen hervorgebracht wurde und vollkommen Unwissenheit ist. Wenn die Sonne aufgeht, wird die Nacht in Tag verwandelt. Genauso wird Unwissenheit in Wissen verwandelt, wenn sich Liebe manifestiert.

Unabhängig von dem Unterschied zwischen einer ausgesprochen intelligenten und einer sehr unintelligenten Person sind beide gleichermaßen fähig, Liebe zu erfahren. Nicht die Größe von Weisheit bestimmt die Fähigkeit zur Liebe, sondern die Bereitschaft, sein Leben für den Geliebten aufzugeben und trotzdem am Leben zu bleiben. Man muss sozusagen Körper, Energie, Verstand und alles andere abstreifen und Staub unter den Füßen des Geliebten werden. Dieser Staub eines Liebenden, der ohne die Liebe Gottes nicht am Leben

> *Wenn du Gott zu verstehen versuchst, missverstehst du ihn.*

bleiben kann, so wie ein gewöhnlicher Mensch nicht ohne zu atmen leben kann, wird in den Geliebten verwandelt. Auf diese Weise wird der Mensch zu Gott.

Lausche der Liebe, ohne über sie zu philosophieren. Allein Liebe kann den Schleier zwischen einem Liebenden und dem Geliebten lüften. Glaube mir, du und ICH sind durch nichts getrennt als den Schleier von dir selbst. Was bedeutet »von dir selbst«? Wenn du Hunger hast, sagst du: »Ich habe Hunger.« Wenn du dich unwohl fühlst: »Mir geht es nicht gut.« Wenn du sagst: »Ich habe gut geschlafen«, »mein Sohn ist gestorben«, »sie haben mich missbraucht«, »ich fühle mich elend«, »das gehört mir«, dann sind dieses Ich, Mir und Mein der Schleier.

Allein der Schleier des falschen Egos, der zwischen dir und MIR liegt, ist die Ursache, warum du in so viele Schwierigkeiten, Mühen und Sorgen verwickelt bist. Sie alle verschwinden augenblicklich, wenn du von der Wirklichkeit der Liebe berührt wirst. Wenn der Vorhang deines begrenzten Ichs gehoben wird – und das kann einzig und allein durch Liebe geschehen –, verwirklichst du die Einheit und erkennst MICH als dein wahres

*Göttliche Liebe kennt keine Gesetze. Sie ist jenseits von Regeln, Dogmen und Ritualen.*

Selbst. Der Grund dafür ist, dass es überall nur ICH gibt. Es gibt wirklich nichts wie Du.

Noch so viele Rituale, Zeremonien, Ehrerbietungen, Meditationen, weder Buße noch Gottesdienste können Liebe erzeugen. Nichts davon ist ein untrügliches Zeichen für Liebe. Wer laut seufzt, weint oder klagt, hat Liebe noch nicht erfahren. Wer die Liebe findet, wird in Brand gesetzt und gleichzeitig werden seine Lippen versiegelt, damit kein Rauch austritt.

Liebe soll erfahren und nicht herumerzählt werden. Was vorgezeigt wird, ist keine Liebe. Liebe ist ein Geheimnis, das für den, der es empfängt und bewahrt, ein sicheres Geheimnis bleiben soll. Wer mich in der Hoffnung liebt, Gesundheit, Reichtum und Wohlergehen für Familie, Freunde und so weiter zu erlangen, liebt all dies, doch nicht mich.

Liebe Gott und werde Gott. Wenn du Gott liebst, wirst du ihn finden. Wenn du Gott nicht liebst, kannst du ihn niemals finden. Denke nicht, du könntest MICH niemals lieben oder du hättest dafür keine Zeit. ICH wünsche mir deine Liebe. Das ist wirklich alles, was ICH von dir will. Deshalb solltest du Gott mehr und mehr lieben.

Um lieben zu können, musst du zunächst das Geschenk der Liebe empfangen. Niemand kann Liebe haben, wenn nicht als Geschenk. Das Geben von Liebe kennt kein Gesetz als die Liebe selbst. Liebe ist das Gesetz, das alle anderen Gesetze der Natur regiert. Es ist immer unendlich einfach für MICH zu geben, aber es ist nicht immer genauso einfach für dich, das Geschenk der Liebe zu empfangen. Manchmal ist es für jemanden sogar unendlich unmöglich, diese Liebe zu empfangen. Deshalb sagt Kabir, manche würden darum bitten und sie nicht bekommen, manche würden sie ungefragt bekommen und andere sind unfähig, sie zu empfangen, selbst wenn sie ihnen angeboten wird. ICH bin immer bereit, dir das Geschenk zu geben, doch du musst dich vorbereiten, es zu empfangen. Das erfordert wahren Mut.

Selbst in gewöhnlicher tierischer oder menschlicher Liebe gibt es Höhepunkte, wo eine Mutter keine Rücksicht auf ihr eigenes Leben nimmt, um ihre Nachkommen zu beschützen. Oder ein Mann kann infolge seiner Ruhelosigkeit durch die Liebe zu einer Frau tagelang ohne Schlaf und Essen oder lüsterne Gedanken sein.

Göttliche Liebe ist das Feuer, das nicht nur alle Arten von

*Sobald du Gott in dir erkennst, wirst du die ganze Welt dort wiederfinden. Und wenn du IHN dort in deinem tiefsten Sein entdeckt hast, hast du das Wertvollste erkannt, das es zu finden gibt.*

Kälte beseitigt, sondern auch alle Formen eingebildeter Hitze löscht. Denke mehr an MICH, als an dich selbst. Je mehr du an MICH denkst, desto mehr wirst du MEINE Liebe für dich erkennen. Deine Aufgabe ist, immer an MICH zu denken, während du denkst, sprichst oder handelst.

ICH bin der eine, den so viele suchen und so wenige finden. Kein Intellekt, wie groß auch immer, kann MICH erfassen. Kein Maß an Entbehrung, wie groß auch immer, kann MICH erreichen. Nur wer MICH liebt und sein Selbst in Mir verliert, findet Mich. Vom Anfang allen Anfangs an habe Ich es gesagt, Ich sage es heute und werde es bis ans Ende sagen: Wer Gott liebt, wird Gott. Alles andere als Gott, ob Rituale oder religiöse Zeremonien, weltlicher Besitz, Familie, Geld oder der eigene physische Körper, alles andere als Gott ist Illusion.

## Gefolgschaft

Wenn ein Mann eine Frau liebt, die an einem entfernten Ort lebt, muss er die ganze Zeit an sie denken. Er kann nicht essen und nicht schlafen. Seine Gedanken kreisen allein um die Getrenntheit und er sehnt sich endlos nach ihr. Wenn diese Sehnsucht zu groß wird, reist er entweder zu ihr oder drängt sie, zu ihm zu kommen. Das wird körperliche Liebe genannt.

Um Gott zu lieben, sollte man an Gott denken, sich nach Gott sehnen und am Feuer der Getrenntheit leiden, bis die Sehnsucht an ihre äußerste Grenze stößt und Gott, der Geliebte, zu dem Liebenden kommt und seinen Durst durch Vereinigung mit Gott stillt. Diese Liebe wird wahrhaftige Liebe genannt.

Doch wer einem Meister folgt, der eins mit Gott ist, muss das alles nicht erleiden, weil in der Gefolgschaft die Gnade des Meisters liegt.

 ## Majnu und Leila

Liebe verbrennt den Liebenden. Hingabe verbrennt den Geliebten. Liebe sucht Glück für den Geliebten. Hingabe sucht Segen vom Geliebten. Liebe trägt die Last des Geliebten. Hingabe überträgt die Last dem Geliebten. Liebe gibt. Hingabe bittet, angenommen zu werden. Liebe bedarf nicht der Gegenwart des Geliebten, um lieben zu können. Hingabe braucht die Anwesenheit des Geliebten, um ihre Zuneigung auszudrücken.

Erklärungen und Diskussionen sind nur Worte, von denen die Wirklichkeit verhüllt wird. Wer da glaubt, er hätte verstanden, hat sich getäuscht. Er ist noch immer weit davon entfernt, die Wirklichkeit verstanden zu haben. Sie liegt weit hinter dem menschlichen Verstand, weit hinter dem höchsten Intellekt. Gott ist jenseits von Verstand. Niemand kann IHN verstehen. Wer IHN zu verstehen versucht, missversteht IHN. Der Verstand muss in den Hintergrund treten, damit das Wissen erwachen kann. Alles andere ist Show, Spiel, Illusion, woran der Verstand seinen Spaß hat. Nur *Manonash*, die Vernichtung des Intellekts, führt euch zur Wirklichkeit. Und es gibt nur einen Weg dorthin und der heißt Liebe.

> *Um MICH zu finden, musst du dich selbst verlieren.*

Betrachte die menschliche Liebe: Solange sich ein Mann und eine Frau tief lieben, kann nichts sie trennen. Völlig voneinander absorbiert kennen sie keine Gedanken von gut noch böse. Wenn ihre Liebe den Höhepunkt erreicht hat, transzendieren sie die Welt der Dualität. Wenn menschliche Liebe schon solche Erfahrungen zulässt, wie viel intensiver muss dann die göttliche Liebe sein.

Majnu und Leila erfuhren höchste menschliche Liebe. Majnu war einmal weit entfernt von Leila. Er wiederholte ihren Namen, wo immer er auch war. Einmal verletzte er sich am Fuß. Blut strömte heraus. Im selben Augenblick erfuhr Leila, obgleich weit entfernt, einen Schock. Sie begann, an derselben Stelle zu bluten. Majnus ganzes Leben war Leila. Er sah Leila in allem, in jedem. Er kümmerte sich weder um Kleidung, noch um Nahrung, noch um seine Gesundheit. Er dachte an nichts anderes, nur an Leila. Aber das ist noch nicht die göttliche Liebe.

Eines Morgens begegnete Majnu einem alten Weisen, der unter einem Bodhibaum saß. Der rief ihn zu sich und meinte: »Wenn du versucht hättest, Gott so intensiv zu lieben wie Leila, hättest du Gott in allem und in jedem schon erkannt.«

> *Mit deiner Göttlichkeit eins zu werden, scheint dir so schwer. Es scheint dir unmöglich, wieder zu werden, was du schon immer warst. Dabei ist es nichts anderes als das Wissen um deine eigene Wirklichkeit.*

Majnu entgegnete: »Ich suche nicht Gott, ich suche Leila. Ich erkenne sie in allem und in jedem.«

Darauf nahm der Weise Majnu in die Arme und in diesem Augenblick schaute er Gott in allem und rief: »Ich bin Gott.«

Majnu hatte sein Ziel erreicht. Für ihn gab es nur die Geliebte. Liebe ließ den Liebenden auf dem Altar der Geliebten zu Gott werden.

## Was Liebe verhindert

Die fünf Hauptfaktoren, die reine Liebe verhindern, sind Verblendung, Lust, Gier, Zorn und Eifersucht. Der Verblendete ist in das Objekt seiner Sinne verliebt. Der Lüsterne verzehrt sich nach dem Objekt seiner Begierde. Der Gierige nimmt das Objekt in Besitz, wobei er häufig Geld, Macht oder Erfolg als Mittel benutzt. Wird das Begehren vereitelt oder bedroht, melden sich Zorn und Eifersucht. Diese fünf hindernden Faktoren blockieren den Strom reiner göttlicher Liebe. In reiner Liebe tritt die Seele in unmittelbaren Kontakt mit jener Wirklichkeit, die hinter der äußeren Form verborgen ist.

Lust unterscheidet sich von Liebe. Die Aufmerksamkeit wird einzig auf das Objekt der Sinne gerichtet. Lust bezieht sich auf die Sinne. Sie verbraucht Energie. Sie lässt ein Gefühl bleierner Schwere zurück. Liebe hingegen beschwingt, sie befreit und erhebt. Wenn du eine Seele liebst, ist es, als würdest du ihr Leben dem deinen hinzufügen. Dein Leben wird dadurch verdoppelt,

54

du lebst in zwei Zentren. Liebst du die ganze Welt, lebst du in der ganzen Welt und die ganze Welt in dir.

Lust dagegen schwächt die Lebensenergie. Sie gibt dir das Gefühl, hoffnungslos abhängig vom Objekt deiner Sinne und deines Begehrens zu sein, das du als getrennt von dir erfährst. Lust bewirkt Getrenntsein und Leiden, Liebe dagegen Einheit und Freude. Lust ist Vergehen, Liebe ist Werden. Lust ist Begehren der Sinne, Liebe ist Ausdruck der Seele. Lust sucht Befriedigung, Liebe findet Erfüllung. Lust ist Erregung, reine Liebe ist stille Glückseligkeit.

> *Die Quelle ewiger Glückseligkeit ist das Selbst.*
> *Die Ursache allen Leidens ist die Selbstsucht.*

Auch Gier behindert die Liebe. Sie bedeutet Besitzergreifen, Besitzergreifen von konkreten materiellen Objekten, von Personen sowie abstrakten, nicht greifbaren Ideen, wie Ruhm und Erfolg. Reine Liebe ist nicht besitzergreifend. Sie ist ein freier, schöpferischer Strom zur Seele des Geliebten, frei von Erwartungen. Der Gierige sucht vom Objekt seines Begehrens Besitz zu ergreifen, mit dem paradoxen Ergebnis, dass er sich dabei davon abhängig macht. Der Liebende hingegen, der sich dem Objekt seiner Liebe ohne Vorbehalt hingibt, erfährt die Verschmelzung beider Seelen. Der Liebende hat die Seele des Geliebten in sich aufgenommen, während das Ego des Gierigen danach trachtet, das Objekt seiner Liebe zu besitzen, aber bereits von ihm besessen ist, während er von dessen Seele getrennt bleibt.

> *Die Sonne verwandelt die Nacht in hellen Tag. Ebenso wirkt das Erwachen der Liebe. Liebe ist deinem Intellekt eine Sonne, die ihn in göttliche Intelligenz transformiert.*

Verblendung, Lust und Gier sind Krankheitssymptome auf dem spirituellen Weg, die durch Zorn und Neid noch mehr vergiftet werden. Reine Liebe ist die Blüte spiritueller Vollkommenheit. Menschliche Liebe ist durch diese fünf Faktoren so eingeschränkt, dass ein spontanes Aufleuchten reiner Liebe von innen her kaum möglich ist. Wenn reine Liebe erwacht, ist es ein Geschenk göttlicher Gnade.

Wenn reine Liebe zum ersten Mal als ein Geschenk von Gnade empfangen wird, dann wird sie in dein Bewusstsein eingesenkt, wie ein Same in fruchtbare Erde. Im Laufe der Zeit entwickelt sich dieser zur Pflanze und schließlich zu einem ausgewachsenen Baum. Das Herabströmen dieser Gnade hängt von deiner spirituellen Vorbereitung ab. Sie ist solange nicht vollständig, wie du nicht gewisse göttliche Attribute in dir entwickelt hast. Selbst die großen Yogis, die in Höhlen und auf Bergen in tiefem *Samadhi* versunken sitzen, kennen nicht unbedingt diese kostbare Liebe.

Göttliche Liebe unterscheidet sich von menschlicher Liebe. Sie entsteht, wenn das individuelle Denken und Fühlen verschwindet. Sie ist frei von den Fesseln der Natur. In menschlicher Liebe bleibt die Zweiheit des Liebenden und des Geliebten bestehen. In göttlicher Liebe werden der menschliche Liebende und der Göttliche Geliebte eins. Der Mensch hat die Schranken der Dualität durchbrochen und ist eins mit dem Göttlichen Geliebten geworden. Das ist die Vollendung der Liebe, denn göttliche Liebe ist Gott.

Somit ist reine Liebe der göttliche Spiegel der Einheit in der Welt der Illusion, in der Welt der Vielfalt. Sie ist der eigentliche Sinn der Schöpfung. Gott offenbart sich in der Welt der Polarität. Die scheinbare Dualität zwischen dem Liebenden und dem Geliebten ist SEIN göttliches Spiel in der Welt SEINER Formen. SEINE Liebe entwickelt und verwirklicht sich durch die Spannung der

Polarität. Gott unterwirft sich in der Welt der Formen einer scheinbaren Teilung, um in der Evolution SEIN göttliches Liebesspiel spielen zu können. In SEINEN verschiedenen Formen spielt ER gleichzeitig die Rolle des Liebenden und des Geliebten, die durch SEINE göttliche Gnade wieder eins werden. Obgleich die Welt der Dualität eine Illusion ist, ist sie doch SEINE Schöpfung, die ER aus Liebe geschaffen hat, um sich in ihr zu spiegeln.

*Die Herrlichkeit des Lebens ist zu lieben, nicht geliebt zu werden; zu geben, nicht zu bekommen; zu dienen, nicht sich bedienen zu lassen.*

Wenn Liebe aus dem Leben ausgeschlossen bleibt, beschränken sich die Seelen auf die Welt der Objekte, auf Äußerlichkeiten. In einer Welt ohne Liebe sind nur oberflächliche und mechanische Kontakte und Beziehungen möglich. Erst durch Liebe erhält alles in der materiellen Welt Sinn und Wert. Gleichzeitig ist die Liebe in der Welt der Polarität eine ständige Herausforderung. Während die Liebe an Kraft zunimmt, bewirkt sie eine schöpferische Ruhelosigkeit. Sie ist die evolutionäre Antriebskraft, die schließlich das Bewusstsein alles Lebendigen wieder zu seiner ursprünglichen Einheit erhebt.

58

## Künstler

Ohne Frage suchen die meisten von uns Liebe, um selbst glücklich zu sein, zumindest indirekt. Doch wir können sehen, dass unsere Quellen der Inspiration – die großartige Musik, die in allen Zeiten zur Liebe inspiriert hat – kaum geschaffen worden wären, wenn die Künstler nur ihr eigenes irdisches Glück im Sinn gehabt hätten. Das Leben von Künstlern ist meist von unerfüllter Sehnsucht bestimmt. Oft berührt Liebe das Herz durch eine Kleinigkeit und ermöglicht dadurch, dass etwas Großes entsteht.

## Ich bin Liebe

Ich bin der Ozean der Liebe. Schöpfe daraus so viel Liebe, wie irgend möglich. Nutze diese Gelegenheit bis zum äußersten, denn es liegt an dir, so viel Liebe aus dem Ozean herauszuholen, wie du nur

kannst. Es ist nicht meine Aufgabe, dir
zu erklären, wie du MICH lieben sollst.
Erklären der Geliebte und die Geliebte
einander, wie sie sich lieben sollen? Sicher ist jedenfalls, dass ICH dir
meine ganze Liebe schenken
möchte. Es liegt an dir, ob du
sie annimmst.

*Wenn du liebst,
opferst du alles auf
dem Altar deiner
Göttlichkeit, bis du
entdeckst, dass dein
Geliebter die ganze
Zeit dort auf dich
gewartet hat.*

ICH bin alles, für was ihr
MICH nehmt, aber ebenso bin
ICH auch jenseits von alldem.
Von jenen, deren Liebe sich
auf verehrende Bewunderung
beschränkt, kann ICH nicht erreicht werden. Ebenso wenig
erreichen mich jene, die mich lächerlich
machen und verächtlich auf mich zeigen.

Der Atheist, der seine weltlichen Pflichten verantwortungsvoll erfüllt und sie als
Ehrensache betrachtet, ist gesegneter als
ein Mensch, der vorgibt, er sei gläubig und
gottergeben, aber danach trachtet, sich vor
den ihm auferlegten Pflichten zu drücken
und Sadhus, Heiligen und Yogis nachläuft,
damit sie ihn von den Leiden befreien, die
ja eigentlich seine ewige Befreiung bewir-
ken sollten.

ICH bin der, den so viele suchen und so
wenige finden. Kein Denken ergründet

mich, keine Askese erreicht mich. Nur, wer mich liebt und sich selbst in mir verliert, findet MICH.

ICH bin in jedem Herzen, doch ICH schlafe dort. Das ist meine uralte Gewohnheit. Um mich aufzuwecken, sollt ihr mich immer rufen: *Hare, Hare, Hare!* Dann werde ICH keine Lust mehr haben, in euren Herzen zu schlafen, nicht einmal mehr zu dösen.

## Göttliche Liebe

Das Leben des Geistes ist eine fortgesetzte Manifestation göttlicher Liebe und spirituellen Verstehens und diese beiden Aspekte des Göttlichen sind unbegrenzt in ihrer Universalität und unveränderlich in ihrer Einzigartigkeit. Deshalb erfordert göttliche Liebe keinen besonderen Kontext, um sich spürbar zu machen. Sie muss nicht auf irgendeinen seltenen Augenblick warten, um sich ausdrücken zu können, noch schaut sie nach düsteren Situationen, die eine besondere Heiligkeit ahnen lassen. Sie findet ihren Ausdruck in jedem Vorfall und jeder Situation.

Gewöhnliche menschliche Liebe wird nur unter passenden Bedingungen freigesetzt. Sie ist die Reaktion auf bestimmte Situationen, von denen sie abhängig ist. Göttliche Liebe hingegen, die aus der inneren Quelle entspringt, ist von Auslösern unabhängig. Deshalb wird sie auch unter Umständen ausgelöst, die von denen, die nur menschliche Liebe gekostet haben, als ungünstig betrachtet würden.

Wenn es bei jenen, von denen ein Meister umgeben ist, einen Mangel an Glück, Schönheit oder Güte gibt, dann gibt ihm das die Gelegenheit, seine göttliche Liebe über sie zu ergießen und sie aus dem Zustand materieller oder spiritueller Armut zu erlösen. Seine alltäglichen Reaktionen auf seine weltliche Umgebung werden zum Ausdruck dynamischer und schöpferischer Göttlichkeit, die sich selbst ausbreitet und alles spiritualisiert, auf das er seinen Verstand richtet.

> *Gott ist unendliche Liebe. Er begrenzt sich zunächst in seinen Schöpfungsformen, um sich allmählich über die verschiedenen Entwicklungsstufen wieder zu befreien und zu verwirklichen. Er wird vom begrenzten Liebenden zum Göttlichen Geliebten.*

## Die Macht der Liebe

Die Macht, die alle Schwierigkeiten überwinden kann, ist die Macht der Liebe, weil Gottes Gesetz die Liebe ist. Sie ist der Schlüssel zu allen Problemen. Diese mächtige Kraft ermöglicht es nicht nur, das Ideal selbstlosen Handelns zu verwirklichen, sondern verwandelt einen selbst in Gott. Durch Liebe ist es Menschen möglich, Gott zu werden, und wenn Gott Mensch wird, dann SEINER Liebe zu SEINEN Wesen wegen.

Liebe ist dynamisch und ansteckend. Reine Liebe ist von einzigartiger Anmut, unvergleichlicher Kraft und es gibt keine Dunkelheit, die sie nicht auflösen kann. Sie ist die nie verlöschende Flamme, die das Leben aufglühen ließ. Die fortgesetzte Entfaltung des Menschen basiert auf seiner Liebe zu Gott und Gottes Liebe für jeden Einzelnen und alle.

Wo Liebe ist, da ist Einheit, und in Einheit wird das Unendliche in jedem Augenblick und jedem Lebensbereich, ob Wissenschaft, Kunst, Religion oder Schönheit, vollkommen verwirklicht. Der Geist der Liebe und Hingabe ist jenseits aller Berechnungen und kann nicht bemessen werden. Ein beständiger Wunsch zu lieben und nicht berechnende Hingabe sind die besten Mittel, die man wählen kann, um sein bestes und glücklichstes Selbst zu verwirklichen.

> *Göttliche Liebe ist die Lösung aller Schwierigkeiten und Probleme. Sie reinigt dein Herz und befreit dich von allen Verstrickungen.*

Liebe bedeutet auch zu leiden, um andere glücklich zu machen. Für den Liebenden ist es ein Leiden ohne Groll und Hass. Für den Liebenden ist es ein Segen ohne Verpflichtung. Nur Liebe weiß, wie man gibt, ohne auf einen Gewinn zu schielen. Es gibt nichts, was Liebe nicht erreichen kann, und es gibt nichts, was Liebe nicht hingeben kann.

Das Licht der Liebe ist nicht vom Feuer des Opfers frei. Wie Hitze und Licht gehen Liebe und Opfer Hand in Hand. Der wahre Geist des Opfers schließt keine bestimmten Anlässe und Gelegenheiten aus, noch gehen Liebe und Berechnung jemals zusammen. Liebe muss spontan von innen heraus entspringen. Sie kann nicht erzwungen, doch durch Liebe kann sie in einem erweckt werden.

64

Zu denen, deren Herz rein und schlicht ist, kommt wahre Liebe als Geschenk durch die aktivierende Gnade eines vollkommenen Meisters. Seine göttliche Liebe bewirkt das höchste Wunder, Gott in das Herz der Menschen zu bringen.

Gott hört nicht auf die Sprache der Zunge. Er hört nicht auf die Sprache des Geistes. Er hört einzig und allein auf die Sprache des Herzens, die Liebe ausdrückt. Der praktische Weg, diese Sprache des

*Göttliche Liebe ist in ihrem Wesen und Ausdruck unbegrenzt, weil sie von der Seele durch die Seele selbst erlebt wird.*

Herzens zu sprechen, während man die Pflichten des Alltags erfüllt, ist, liebevoll zu sprechen, liebevoll zu denken und jedem gegenüber liebevoll zu handeln unabhängig von seinem Stand, Glauben oder Rang und zu wissen, dass Gott in jedem und allen gegenwärtig ist.

Um Gott zu verwirklichen, müssen wir IHN lieben und uns in SEINEM unendlichen Selbst verlieren. Wir können Gott lieben, indem wir uns intensiv die Vereinigung mit IHM wünschen. Wir können Gott lieben, indem wir uns dem vollkommenen Meister hingeben, der eine persönliche Manifestation Gottes ist. Wir können Gott auch lieben, indem wir unsere Mitmenschen lieben, sie glücklich machen, auch auf Kosten unseres eigenen Glücklichseins, ihnen dienen, auch wenn wir unsere eigenen Interessen dabei opfern, und unser Leben selbstloser Arbeit widmen. Wenn wir Gott auf diesen Wegen intensiv lieben, werden wir IHN schließlich als unser eigenes Selbst erkennen.

> *Kein Gesetz ist stärker als Liebe.*

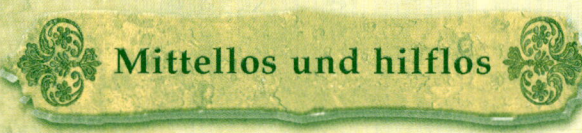

## Mittellos und hilflos

Es ist nicht einfach, sich dem Griff der Dualität auf das Bewusstsein zu entziehen. Je bequemer und angenehmer das Leben ist, desto geringer ist die Chance für einen Ruck, der stark genug ist, die vorübergehenden Errungenschaften aufzugeben. Doch eben das ist notwendig, um das Bewusstsein ganz auf die Erfahrung des ewig innewohnenden Selbst, die Seele, mit ihrer ganzen glückseligen Freiheit wirklicher Existenz zu bündeln.

Aus diesem Grund liebt Gott die sogenannten Mittellosen und Hilflosen am meisten. Je größer die Hilflosigkeit, desto größer kann und sollte die Abhängigkeit von der Hilfe Gottes sein, die immer viel bereiter ist als die aufrichtigsten und ernsthaftesten Bitten darum. Je größer die Bindungen sind, desto größer ist die Chance, durch die vollkommen bewusste Erfahrung der ursprünglichen und ewig währenden menschlichen Freiheit, schnelle und dauerhafte Erlösung zu finden.

*Liebe ist der Weg,*
*Liebe ist das Ziel.*

Die unbegrenzte und ewige spirituelle Freiheit des Selbst oder der Seele ist ewig und unendlich in jedem und allen und sie ist für jeden Mann und jede Frau gleichermaßen verfügbar, unabhängig von Stand, Glauben oder Nationalität.

## Natürliche Gleichheit

Deine Liebe zieht MICH unwiderstehlich zu dir hin. Liebe ist eine mächtige Kraft. Sie befähigt nicht nur, das Ideal selbstlosen Dienstes in die Tat umzusetzen, sondern transformiert dich in Gott. In Liebe kann man den spirituellen Weg wählen, der einem am besten liegt. Liebe befähigt den Suchenden, die strengen Regeln zu befolgen, die mit dem spirituellen Weg verbunden sind, und sich wo und wann notwendig, von den weltlichen Vergnügungen um der Einheit mit dem GELIEBTEN willen abzuwenden.

Wo Liebe ist, ist Einheit, und da stellt sich nicht die Frage einer bestimmten Religionszugehörigkeit, eines gesellschaftlichen Ranges, hoch oder niedrig, arm oder reich. Dass solche Unterscheidungen unbedeutend sind, zeigt jede Naturkatastrophe. Naturkatastrophen sind Manifestationen der Naturgesetze und solche Unglücke schließen niemanden aus, reich oder arm, angesehen oder unbedeutend, dieser oder jener Religion angehörend. Katastrophen sind kein Ausdruck göttlichen Zorns, sie öffnen die Augen dafür, dass die Verletzung der göttlichen Gesetze für jeden Konsequenzen hat, unabhängig von seiner Stellung, seinem Glaubensbekenntnis oder seiner Staatsangehörigkeit.

Um diese natürliche Gleichheit zu verstehen, muss man dem höchsten Gesetz Gottes gehorchen und das ist Liebe. Liebe ist der Schlüssel zu allen Problemen, denn unter diesem Gesetz erkennt man die Unendlichkeit vollkommen, für immer und auf jedem Lebensweg, ob es Wissenschaft, Religion oder Schönheit sei. Möge die Welt diesen höchsten Aspekt der Göttlichkeit mehr und mehr verstehen.

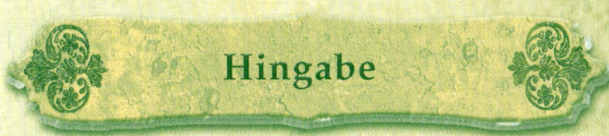

## Hingabe

Wenn die Lust geht, kommt die Liebe, und aus der Liebe kommt Sehnsucht. Liebe kann nie Erfüllung finden, weil die Sehnsucht bis zur Verzweiflung anwächst, die allein durch Vereinigung vergeht. Nichts außer Vereinigung mit dem Geliebten kann den Liebhaber befriedigen.

Der Weg der Liebe ist ein fortgesetztes Opfer und was geopfert wird, sind die Ich-Gedanken des Liebenden, bis schließlich der Augenblick kommt, wenn der Liebende sagt: »Geliebter, werde ich jemals eins mit DIR und mich selbst auf ewig lieben?« Das ist die Stufe, auf der Liebe durch Gehorsam erleuchtet wird.

Von nun an beobachtet der Liebende beständig die Großartigkeit des Geliebten

Willen und dabei denkt er nicht einmal an Vereinigung. Freudig gibt er sein gesamtes Sein dem Geliebten hin und kein Gedanke an Mir und Mein ist übrig. Das ist die Stufe, auf der Liebe durch Hingabe erleuchtet wird.

Unter Millionen ist nur einer, der Gott liebt, und unter Millionen Liebenden gelingt es nur einem, zu gehorchen und schließlich sein ganzes Sein Gott, dem Geliebten, hinzugeben.

 ## Die Pflicht eines Liebenden

Was ist die Pflicht eines Liebenden? Seine Pflicht ist, den GELIEBTEN glücklich zu machen, ohne sich selbst zu schonen. Ohne an sein eigenes Glück zu denken, sollte der Liebende dem GELIEBTEN Freude bereiten. Der einzige Gedanke, den ein Liebhaber Gottes haben sollte, ist, den GELIEBTEN glücklich zu machen. Wenn du also aufhörst, an dein eigenes Glück zu denken, und andere glücklich machst, bist du wirklich ein Liebhaber Gottes, weil Gott der Geliebte in allen ist.

70

Wenn du aber nur den geringsten Gedanken an dich selbst hast, wenn du andere glücklich machst, dann ist es nicht Liebe, sondern Zuneigung. Zuneigung neigt dazu, Glück für sich selbst zu finden, indem sie andere glücklich macht. Ein Ehemann will seine Frau glücklich machen, doch während er das tut, denkt er auch an sein eigenes Glück.

*Um Gott zu lieben, musst du ehrlich sein.*

## Mutterliebe

Die Liebe einer Mutter für ihr Kind bleibt immer dieselbe, ganz gleich, was geschieht, selbst wenn sich das Kind nicht ihren Erwartungen gemäß entwickelt. Das ist selbstlose, doch nicht die höchste Liebe, weil die Mutter ihr eigenes Kind liebt. Die höchste menschliche Liebe ist frei von Hoffnungen, Absichten, Wünschen und Erwartungen, mit anderen Worten, sie ist vollkommen selbstlos und unvoreingenommen.

71

## Der Löwe im Käfig

Die äußerste Erfahrung ist nur möglich, wenn das Herz vollständig gereinigt ist. Gott vergibt alles, nur Heuchelei vergibt er nicht.

Heilige und Sünder, Hohe und Niedere, Reiche und Arme, Gesunde und Kranke, Männer und Frauen, Junge und Alte, Schöne und Hässliche, sie alle sind gleich in MEINEN Augen. Warum? Weil ICH in jedem bin. Niemand sollte zögern, zu MIR zu kommen, MICH zu besuchen und MICH in Liebe zu umarmen.

Wenn die Liebe den Liebenden verbrennt, also wenn die Liebe intensiv ist, bleibt kein Schleier zwischen dem Liebenden und dem GELIEBTEN. Viele Liebende sind wie jemand, der Löwen mag und sie so sehr bewundert, dass er sich zuhause einen Löwen hält. Weil er aber Angst vor dem Löwen hat, hält er ihn in einem Käfig. Der Löwe ist immer eingesperrt. Selbst wenn er den Löwen füttert, tut er das aus sicherer Entfernung von außerhalb des Käfigs.

Gott wird von vielen Liebenden wie dieser Löwe behandelt. Sie lieben ihn, sie bewundern ihn, sie sehnen sich nach ihm, doch bei all dem schirmen sie Gott von ihrem Selbst ab. Was die Liebenden tun müssen, sie müssen den ›Käfig‹ öffnen und sich in intensiver Liebe in den Käfig stürzen, um vom Löwen der Liebe verschlungen zu werden. Der Liebende sollte zulassen, dass er von der Liebe zum GELIEBTEN vollständig eingenommen wird.

> *Du und Ich sind nicht wir sondern eins.*

Sorge dich nicht! Welches Leid auch immer über dich kommen mag, nimm es in vollem Glauben und ganzer Liebe zum GELIEBTEN an. Was kann schlimmstenfalls geschehen? Du kannst sterben. Und es ist so offensichtlich, dass du irgendwann sterben musst. Du musst diesen Körper früher oder später ablegen. Warum also denkst du nicht, dass du schon keinen Körper mehr hast, und handelst befreit?

An etwas musst du dich immer erinnern: Sei aufrichtig! Gott ist in jedem und allem. Und weil Gott in jedem und allem ist, weiß er alles. Also öffne dich ganz für seinen Willen. Als du noch ein Kind warst, hast du Augenblicke großer Freude und Augen-

74

blicke großen Kummers erlebt. Wohin ist das alles gegangen? Tatsache ist, es gab weder Freude noch Kummer. Es ist die Illusion der Dualität, durch die du Erfahrungen machst, die keine Grundlage haben. In zwanzig, dreißig Jahren wirst du alle Ereignisse und Gedanken von heute vergessen haben. Deshalb ist das Beste, was du tun kannst, einfach nur MICH zu lieben. Liebe MICH aufrichtig. Nur ICH bestehe fort, alles andere ist ein vorübergehendes Spiel.

## Bewusstsein

Es gibt drei Formen, das Göttliche zu lieben: Der Mast* liebt und kennt nur Gott. Er hat weder ein Bewusstsein seines Körpers, noch von der Welt um ihn herum. Er bemerkt weder Regen noch Sonne, weder Winter noch Sommer. Für ihn existiert nur Gott. Alles andere ist unwesentlich geworden.

Die zweite erfährt, wer in der Welt lebt. Er erfüllt seine weltlichen Pflichten, obgleich er sich seiner Vergänglichkeit bewusst ist.

*Entrückte

Er weiß um seine Göttlichkeit, ohne dass er seine Liebe und sein Wissen lautstark nach außen demonstriert.

Die dritte Form der Liebe ist selten anzutreffen. Der Liebende hat sich Christus, dem Avatar oder seiner eigenen Göttlichkeit völlig übergeben. Er lebt nicht mehr für sich, sondern für Gott. Das ist die höchste Liebe.

Jeder einzelne von euch ist Ausgangspunkt SEINES unbegrenzten Ozeans von Liebe, SEINER Glückseligkeit, SEINER Weisheit und SEINER Göttlichkeit. Alles ist bereits in euch. Es ist der Sohn Gottes, der in jedem von euch ist und der in jedem von euch darauf wartet, in Erscheinung gebracht zu werden. Das Königreich Gottes ist mitten in euch.

Alle eure Qualifikationen interessieren MICH nicht. Die einzige Auszeichnung, die ICH von euch erwarte, ist Liebe. ICH sehe nur, ob jemand liebt oder nicht liebt. ICH frage nur, ob ihr bereit seid, euren Intellekt und eure Welt der Dualität für die Liebe zu transzendieren.

Bis ihr wirklich wisst, wer ihr seid, habt ihr Berge von intellektuellem Wissen abzutragen, jenes Wissen, das ihr auf eurer langen Reise vom Unbewussten zum Bewussten angehäuft und mitgeschleppt habt. Und es ist nur die Liebe, die euch davon befreit und es vergessen lässt. Sie durchdringt die Scheinwelt eures Intellekts, doch kein noch so ausgeprägter Intellekt kann göttliche Liebe durchdringen und erfahren. Die Illusion eurer Scheinwelt hat euch so fest im Griff, dass ihr eure Wirklichkeit vergessen habt. Euer Leben ist wie ein Schatten, ein Schatten eurer eigenen Wirklichkeit. Meine einzige Freude ist, wenn ihr nicht durch den Verstand, sondern durch eure Erfahrung erkennt und versteht, dass eure Göttlichkeit der einzige Geliebte ist, für den ihr existiert.

Christus, seine Apostel, seine Jünger, aber auch die christlichen Mystiker, sie alle betonen, wie wichtig die Reinheit des Herzens ist. Auch für Mohammed und seine Imame war ein reines Herz Mittelpunkt seiner Lehre. Zoroaster und die Magis, Krishna und seine Gopis, Buddha, sie alle schauten Gott durch ihr reines Herz.

Was ist das Herz? Was ist der Verstand? Ist es nur ein physisches Organ? Ein Sufi-Mystiker sagte einmal: »Die Heimat der Liebe liegt unendlich viel tiefer als der Verstand. Nur einer unter Millionen Menschen, der seinen Kopf (seinen Verstand) seinem Geliebten übergibt, kann die Schwelle zu ihm überschreiten.« Das ist eine wörtliche Übersetzung, sie bedeutet: Der Verstand wird euch nie zu eurer Göttlichkeit führen. Gott kann nie verstanden werden. Er ist unsichtbar für jene, deren Augen noch von den Schleiern des Egos verhüllt sind.

*Göttliche Liebe ist keine bloße Hoffnung, sie ist Wirklichkeit. Sie ist die einzige Wirklichkeit. Alles andere ist Illusion.*

Im Verstand ruhen Erinnerungen und Eindrücke, die durch Denken verarbeitet werden wollen. Sie erscheinen als Gedankenformen, um sich über Emotionen und Gefühle auszudrücken. Das sind jene Eindrücke, die durch Denken, Fühlen und Handeln des Individuums entstanden sind. Gedanken sind also schlummernde Erinnerungen des Verstandes, von denen Gefühle und Wünsche wie Freude, Schmerz, Glück, Enttäuschung, Schock und so weiter ausgelöst werden.

Im Tiefschlaf ruhen die Eindrücke latent im Verstand. Warum erwachst du aus dem Tiefschlaf? Es sind die Eindrücke vergangener Handlungen, die dich aufwecken und durch Gedanken, Wünsche und Handlungen verwirklicht werden wollen.

78

Deine Göttlichkeit ist dein innerstes Selbst. Hinter deiner begrenzten Form, jenseits deines Körpers, findet sich Energie und dein Verstand mit seinen Funktionen. Dort bist du als dein Ego. Und hinter alldem ruht deine unbegrenzte Göttlichkeit. Du glaubst, du bist der Körper, fühlst dich glücklich, traurig, hungrig. Du glaubst, du bist dieses Du, aber hinter diesem Du gibt es etwas, von dem du dich nicht befreien kannst, auch wenn es deinen Körper nicht mehr gibt.

*Wenn du verstehst, hast du nicht verstanden.*

Wenn du deine beiden Hände und Füße verloren hättest, würdest du noch immer existieren. Das bedeutet, dass Du nicht dein Körper bist. Im Tiefschlaf bist du dir deines Körpers nicht bewusst und doch existierst du. Du bist also nicht dein Körper. Wer dann ist dieses Du? Es ist dein innerstes Selbst. Tief in unserem Selbst können wir unser wahres ICH finden.

Wer bin ICH? Ich bin nicht dieser Körper. Wer bin ich dann? Ich bin Energie. Aber solange ich mich nicht bewege, nicht handle, also wenn ich schlafe, kann sich meine Energie nicht manifestieren. Und doch existiere ich. Also bin ich auch nicht Energie.

79

Bin ich vielleicht Intellekt? Auch hier trifft dasselbe zu. Wenn ich nicht bewusst bin, im Tiefschlaf, ruht auch mein Intellekt. Und doch existiere ich. Also bin ich auch nicht mein Intellekt. Wer bin ich dann? Versuchen wir zu verstehen, was so schwer verstanden werden kann: Ich bin DAS, was weder Körper noch Energie noch Intellekt ist.

Was erfährst du im Tiefschlaf? Das bist du. Warum? Wenn du weder Körper noch Energie noch Verstand bist, dann bist du DAS, was weder Körper noch Energie noch Verstand hat. Und nur anhand des Tiefschlafs kann DAS vergleichend dargestellt werden. Du bist nicht Körper, nicht Energie und nicht Verstand. Doch der Körper ist da. Energie ist da. Der Intellekt ist da. Aber das Bewusstsein für den Körper, für die Energie und den Verstand ist abwesend.

Gehen wir zurück zum anfanglosen Anfang. Im unendlichen Seinszustand, als es weder die Schöpfung noch das Universum noch irgendetwas oder irgendjemanden gab, war nur göttliches Ist-Bewusstsein. Im Laufe der Evolution, während vieler Inkarnationen, hast du Eindrücke gesammelt. Du hast deinen Körper, deine Energie, deinen Verstand und deine Seele entfaltet. Doch dabei hast du deine Seele mit dem begrenzten Körper, mit Energie und Intellekt identifiziert.

Im Tiefschlaf bezeichnen wir das Ego, die absolute Unbewusstheit, als natürliches Ego. Es gibt drei Arten von Ego. Da ist einmal das natürliche Ego. Warum erwachst du aus dem Tiefschlaf? Es sind vergangene Eindrücke, die in deinem Verstand ruhen. Sie sagen: »Wach auf, wir wollen gelebt werden!« Du erwachst und lebst deine Eindrücke in Denken, Wünschen und Handeln aus. Dabei identifizierst du dich mit deinem Körper. »Ich bin mein Körper.« Dieses Ich ist das falsche Ego.

Du, nicht dein Körper, schlüpfst entsprechend deiner Eindrücke von einer Form in die nächste. Während du alte Eindrücke auslebst, sammelst du neue, die auch gelebt werden wollen. So nimmst du immer wieder neue Formen an: Mann, Frau, schön, hässlich, reich, arm, stark, schwach und so weiter. Diese Formen sind wie verschiedene Kleider, die du trägst und wieder ablegst. Während dieser ganzen Zeit existiert dein falsches Ego.

Allmählich werden die Eindrücke schwächer und schwächer, bis sie sich irgendwann völlig auflösen. Dann kommt auch der Verstand zum Stillstand. Das Herz ist jetzt nackt und rein. Es gibt weder Wünsche noch Begehren noch Gefühle und doch existierst du. Das Ich, frei von allen Eindrücken und allen Bindungen, ist unbegrenztes Sein. Es erfährt sich im Bewusstsein jenseits des Intellekts. Es hat den Intellekt transzendiert. Es erfährt sein unendliches Bewusstsein, seine absolute Wirklichkeit, sein Ist. Dieses Ego ist das wirkliche Ich.

> *Du existierst nicht für die Welt. Die Welt existiert für dich.*

So wie du bisher mit deinem falschen Ego geglaubt hast: »Ich bin dieser Körper, diese Energie, dieser Intellekt«, sagst du jetzt: »Ich bin Gott.«

Nur ein reines Herz kann Gott schauen. Es gibt einen Paradiesvogel, von dem es heißt, er könne nie zur Erde kommen. Gott ist wie dieser Paradiesvogel. Versuche nicht, ihn mit einem Netz aus Gedanken einzufangen. In diesem Netz kannst du nur deinen Intellekt finden. Nicht durch Denken, sondern nur mit dem Herzen kannst du Gott erfassen.

Ramakrishna kannte keine andere Sprache außer Bengali. Er konnte weder lesen noch schreiben. Er war Analphabet. Und

doch erfuhr er Gott. Viele Gelehrte suchten ihn auf. Sie verstanden wenig von dem,
was er sagte. Das Geheimnis ist, wenn du
(dein Verstand) da bist, ist Gott noch weit
entfernt. Je mehr du Ihn mit deinem ratio-
nalen Verstand zu verstehen suchst, desto
mehr entzieht Er sich. Alles Verstehenwol-
len neigt dazu, das Göttliche zu verschlei-
ern. Du musst wieder zu dem werden, der
du bist. Aber um dich zu finden, musst du
dich zuerst verlieren.

Die Geburt des Wahren kann nur auf den
Tod des Falschen hin erfolgen. Erst wenn
du selbst stirbst, dein wahres Sterben, das
allem Sterben ein Ende setzt, kannst du
den Weg zu immerwährendem Leben gehen. Das heißt, dass dein intellektuelles
und emotionales Denken mit all deinem
Streben und Sehnen vom Feuer göttlicher
Liebe völlig verzehrt werden muss. Erst
dann offenbart sich das unzerstörbare, unteilbare ewige Selbst. Es ist das Auslöschen
deines falschen, begrenzten, unwissenden
Ichs, um es durch dein wahres Ich zu er-
setzen: unendliche Weisheit, Liebe, Kraft,
Harmonie und ewige Glückseligkeit.

Entweder gibt es Gott oder es gibt ihn
nicht. Viele Menschen machen sich keine Gedanken, ob Gott existiert, deshalb

sind sie natürlich auch gar nicht an ihm interessiert. Wenn es Gott gibt, braucht ihr keine Begründung, ihn zu suchen. Wenn er nicht existiert, verliert ihr nichts, wenn ihr ihn sucht. Normalerweise aber stürzt sich niemand freiwillig und freudig in das Abenteuer, Gott wirklich zu suchen. Er muss dazu durch Enttäuschung über die Angelegenheiten dieser Welt getrieben werden.

> *Das Universum ist MEIN Ashram und jedes Herz ist MEIN Haus.*

Du und ICH sind nicht wir, sondern eins. Es gibt nichts außer Gott. ER ist die einzige Wirklichkeit und wir alle sind in seiner absoluten Wirklichkeit eins. Das Göttliche kann weder in Gedanken noch in Worten erfasst werden. Es ist das Höchste, das nur durch unmittelbare Erfahrung erlebt werden kann. Warum erwachst du nicht aus deiner Unwissenheit und versuchst endlich zu erkennen, dass du göttlich bist! Und nicht nur du bist göttlich, auch die Ameise und der Spatz und jedes andere Lebewesen. Der einzige Unterschied liegt im Bewusstsein. Der Gottesbewusste weiß, dass das, was ein Spatz ist, in Wirklichkeit kein Spatz ist, während der Spatz das nicht erkennt und deshalb ein Spatz bleibt, denn er ist sich seiner Unwissenheit nicht bewusst.

84

Alles, was ich jetzt gesagt habe, sind Worte. Meine Worte nur durch Lesen und Hören verstehen zu wollen, ist wie eine Beleidigung an eure Göttlichkeit, die sich jenseits allen Verstehens befindet. Die einzige Antwort ist Liebe. Wenn wir Gott aus unserem Herzen heraus lieben, wenn wir auf die Stimme unseres Herzens hören, werden wir zu Gott. Jede weitere Frage und jede weitere Antwort erübrigt sich. Das bedeutet, nur mit einem reinen Herzen voller aufrichtiger Liebe kannst du das verstehen, was jenseits allen Verstehens existiert. Liebe ist der Schlüssel zu deiner Göttlichkeit. Wer Gott aufrichtig liebt, verliert sich in ihm und wird zu ihm.

## Die Lösung aller Probleme

Nur wenn sich die göttliche Liebe ergießt, kommt es zum spirituellen Erwachen. In dieser kritischen Zeit universellen Leidens werden die Menschen reif, sich ihrem höheren Selbst zuzuwenden und den Willen Gottes zu erfüllen. Göttliche Liebe wird das höchste Wunder vollbringen, Gott in die Herzen der Menschen einziehen zu lassen und ihnen anhaltendes wahres Glück zu bringen. Dadurch werden der größte Mangel und die größte Sehnsucht der Menschheit erfüllt. Göttliche Liebe wird die Menschen selbstlos und hilfsbereit in ihren Beziehungen machen und wird die endgültige Lösung aller Probleme bringen. Die neue Bruderschaft der Erde wird Wirklichkeit werden und die Nationen werden in der Brüderlichkeit von Liebe und Wahrheit vereint sein.

> *Du musst werden, was du längst bist.*

 ## Der Stachel der Dummheit

Unwissenheit verschleiert die Seele für die Liebe. Jedes Gefühl, jeder Gedanke, jede Handlung, in der das trennende Ego mitschwingt, entspringt tiefer Unwissenheit, die der Verstand wie einen Mantel trägt. Es ist eine Dummheit, die bindet, eine Ignoranz, die das Selbst ungemindertem und erniedrigendem Leiden überantwortet, nicht unbedingt des physischen Körpers, aber immer und unvermeidlich der Seele. Diese Dummheit begleitet den Verrat an der Wahrheit und ist deshalb eine Form von Selbstbetrug. Sie lässt nicht einmal oberflächliche und vorübergehende Erleichterungen zu und macht höchstens faule Kompromisse. Diese Dummheit schneidet die Seele von Liebe und Schönheit, Freude und Freiheit, bewusster Göttlichkeit und wahrer Selbsterfüllung ab. Es ist eine Ignoranz, die wie ein Stachel im Fleisch steckt, bis er durch die vollständige Annahme der Wahrheit herausgerissen wird.

## Die Stimme deines Herzens

Gott hört nicht auf die mechanische Sprache deiner Zunge, auf Mantren, auf Lippenbekenntnisse in Form von sakralen Gesängen oder auf unbewusste Gebete. Er hört auch nicht auf die Argumente deines Intellekts, deine Routine-Meditationen oder deine Konzentrationen auf IHN. Er hört nur auf die Stimme deines Herzens und die Botschaft deiner Liebe. Das ist die wahre Sprache, die keiner Zeremonie, keines Rituals, keiner Show bedarf. Sie ist die schweigende Hingabe an Ihn.

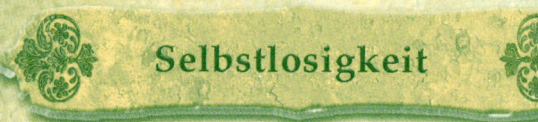

## Selbstlosigkeit

Reine Liebe ist selten, denn meist wird Liebe durch selbstsüchtige Motive verwässert, die sich durch angesammelte schlechte Eindrücke ins Bewusstsein geschlichen haben. Es ist ausgesprochen schwierig, das Bewusstsein von tief verwurzelter Dummheit zu reinigen, die sich durch die Vorstellung von Ich und Mein ausdrückt.

Wenn beispielsweise jemand sagt, er liebe seinen Geliebten, meint er meist, dass er seinen Geliebten bei sich haben will. Das Gefühl von Ich und Mein zeigt sich sogar im Ausdruck von Liebe deutlich. Wenn ein Mann sieht, dass sein Sohn verschlissene Kleidung trägt, tut er alles, was er kann, um ihm ordentliche Kleider zu verschaffen, und ist besorgt, ihn glücklich zu sehen. Er betrachtet die Gefühle für seinen Sohn als reine Liebe. Doch in seiner unmittelbaren Reaktion auf die Not seines Sohnes spielt die Vorstellung von Ich und Mein eine wesentliche Rolle.

Wenn er nämlich den Sohn irgendeines Fremden in verschlissener Kleidung sieht, dann reagiert er nicht in gleicher Weise darauf. Das zeigt, dass sein Verhalten gegenüber seinem eigenen Sohn tatsächlich selbstsüchtig ist, auch wenn er sich dessen nicht bewusst ist. Das Gefühl

> *Wenn ihr euer Herz reinigen wollt, wacht unaufhörlich über eure Handlungen.*

von Mein ist im Hintergrund des Denkens. Durch sorgfältige Analyse kann es an die Oberfläche gebracht werden. Erst wenn die Reaktion auf den Sohn des Fremden die gleiche ist, wie beim eigenen Sohn, ist die Liebe selbstlos und rein.

 ## Liebe überwindet die Dualität

Das Ego ist eine Affirmation der Getrenntheit. Das Ego affirmiert Getrenntheit durch Begehren, Hass, Wut, Angst und Eifersucht. Wenn sich jemand die Gesellschaft anderer wünscht, ist er sich seiner

Trennung von ihnen sehr bewusst und fühlt deswegen sein abgetrenntes Dasein sehr intensiv. Das Gefühl der Getrenntheit von anderen ist besonders stark, wenn die Sehnsucht groß und unerfüllt ist.

> *Die neue Menschheit wird durch die Freisetzung von Liebe in unerschöpflicher Fülle ins Dasein treten. Wahre Liebe ist unbesiegbar und unwiderstehlich. Sie wächst an Kraft und breitet sich aus, bis sie letztlich alle verwandelt, die sie berührt.*

Durch Hass und Wut wird der Andere ebenfalls aus dem eigenen Sein ausgeschlossen und nicht nur als den Absichten des Egos fremd, sondern sogar feindlich betrachtet.

Auch Furcht ist eine subtile Weise, Getrenntheit zu affirmieren, weil ihr das Bewusstsein der Dualität zugrunde liegt. Angst wirkt wie ein dichter Vorhang zwischen Ich und Du. Sie nährt nicht nur tiefes Misstrauen gegen den Anderen, sondern lässt das Bewusstsein unvermeidlich schrumpfen, indem es das Dasein eines Anderen aus dem eigenen Lebenskontext ausschließt.

Deshalb sollte man andere Seelen lieben, doch auch Gott sollte man lieben und nicht fürchten. Gott oder SEINE Manifestationen zu fürchten, stärkt die Dualität, sie zu lieben führt dazu, die Dualität zu überwinden.

Jedes Gefühl, jeder Gedanke, jede Handlung, die der Vorstellung getrennten Daseins entspringt, bindet. Die einzige Erfahrung, die hilft, das Ego zu schmälern, ist die Erfahrung der Liebe, und die einzige Absicht, die hilft, die Getrenntheit zu lindern, ist das Verlangen, eins mit dem GELIEBTEN zu werden.

## Liebe ist ein Feuer

Liebe ist die wirkende Kraft im Universum. Alle unsere alltäglichen Angelegenheiten werden durch Liebe, hoch oder niedrig, verwirklicht. Göttliche Liebe ist der höchste Aspekt der alles durchdringenden Liebe. Sie ist unendlich zart, jenseits aller Rituale, Gesetze und Dogmen. Sie fordert nichts und gibt alles. Nichts ist höher, nichts tiefer und nichts größer als göttliche Liebe. Wenn sie in irgendjemandes Herzen entflammt, verbrennt ihr Feuer alles, was neben dem Göttlichen Geliebten existiert. In ihrem Schmelzofen reinigt sie jeden, der entbrannt ist.

91

## Liebe ist der Weg

Gib Erklärungen und Diskussionen keine besondere Bedeutung. Mit Wörtern kann der Wirklichkeit keine Bedeutung gegeben werden. Wenn jemand meint, er habe verstanden, hat er nicht verstanden, er ist weit davon entfernt, irgendetwas zu verstehen, soweit es um die Wirklichkeit geht. Die Wirklichkeit ist jenseits des menschlichen Verstehens, weil sie jenseits der Vernunft ist. Verstehen bringt auch gar nichts, weil Gott jenseits allen Verstehens ist. Wenn du versuchst, Gott zu verstehen, missverstehst du Ihn. Du liegst falsch, wenn du Ihn verstehen willst. Die Vernunft muss gehen, bevor das Wissen dämmern kann.

Die komplette Dualität ist eine Aufführung, ein Spaß, ein Spiel. Der Verstand muss gehen, weil das Spiel im Verstand stattfindet. Das Spiel besteht darin, dass sich der Verstand selbst auflösen muss. Nur die Auflösung des Verstands führt zur Wirklichkeit. Es gibt nur eine Möglichkeit, den Verstand aufzulösen, und dieser Weg ist Liebe.

Betrachte gewöhnliche menschliche Liebe. Wenn ein Mann seine Partnerin oder eine Frau ihren Partner sehr liebt, kann die beiden nichts trennen. Sie verlieren sich vollkommen in der Liebe zueinander. Sie sind sowohl von Bewunderung frei wie von Verurteilung. Es gibt nicht einmal einen Gedankenaustausch, denn Liebe setzt sich ohne Gedanken durch. Der Verstand ist vorübergehend ausgeschaltet, weil in so intensiver menschlicher Liebe der Verstand nicht ins Spiel kommt.

*Der größte Sünder und der größte Heilige sind in der gleichen unfehlbaren göttlichen Liebe.*

Wenn die Liebe und das Lieben auf dem Höhepunkt sind, wird der Verstand für den Bruchteil einer Sekunde ausgelöscht. Dadurch wird ein Zustand erreicht, der einer Trance ähnlich ist. Wenn gewöhnliche menschliche Liebe schon so weit gehen kann, wie soll man dann die Größe göttlicher Liebe beschreiben?

Liebe andere. Mach andere glücklich. Diene anderen, selbst wenn es dir Mühe macht. Das bedeutet es, MICH zu lieben.

Auf der vormenschlichen Stufe ermöglicht das Bewusstsein des falschen Selbst oder falschen Ichs – das sehr schwach ist –

die Evolution. In der menschlichen Gestalt ist die Evolution des Bewusstseins vollendet und das Bewusstsein ist vollständig. Dann kommt zum ersten Mal Liebe aktiv ins Spiel. Weil aktive Liebe einen größeren und wichtigeren Teil spielt, beginnt das falsche Ich, sich mehr und mehr aufzulösen. Wenn die Liebe schließlich ihren Höhepunkt erreicht, wird das falsche Ich vollständig aufgebraucht und das führt zur Erfüllung des Liebenden und der Liebe am Altar des GELIEBTEN. Weder verweilt der Liebende in Liebe, noch beherrscht Liebe den Liebenden. Das Ziel ist erreicht. Der GELIEBTE herrscht uneingeschränkt über sich selbst. Es gibt nichts außer dem GELIEBTEN, alles andere ist verzehrt.

*Liebe ist kein Spiel für Feiglinge und Schwächlinge.*

## Die einzige Wirklichkeit

Wer sein Herz vom verbitterten Gift aus Selbstsucht, Hass und Gier reinigt, wird Gott als sein eigenes wahres Selbst finden. Wenn du Gott findest und verwirklichst, löst sich das Problem der Selbstsucht mit seinen zahllosen Erscheinungsformen wie Dunst in der Sonne auf. In Gott und als Gott offenbart sich alles Leben als unteilbar eins und alle Getrenntheit, die durch Identifizierung mit menschlichen oder vormenschlichen Formen entsteht, wird als Täuschung erkannt.

*Um die Liebe zu finden, musst du dich zuerst verlieren.*

Die Wahrheit göttlichen Lebens ist keine Hoffnung, sondern einzige Wirklichkeit. Alles andere ist Illusion. Sei voller Liebe und du wirst das niedrige und begrenzte Selbst der Sehnsüchte überwinden, das dein wahres göttliches Sein verhüllt. Nicht durch verzweifelte Selbstsuche, sondern durch fortgesetzte Selbsthingabe ist es möglich, das Selbst aller Selbste zu finden.

 ## Stufen der Liebe

Leben und Liebe sind untrennbar voneinander. Wo Leben ist, da ist auch Liebe. Selbst das begrenzteste Bewusstsein versucht ständig, aus seinen Begrenzungen

hervorzubrechen und irgendeine Art von
Einheit mit anderen Lebensformen zu erleben. Wenn auch jede Lebensform von
anderen Lebensformen getrennt ist, sind
sie in Wirklichkeit doch alle
Formen derselben Einheit des
Lebens. Der verborgene Sinn
dieser inneren Realität zeigt
sich selbst in der Welt der Illusion durch die Anziehung, die
eine Lebensform für die andere
empfindet.

*Wenn das Wort der
Liebe durch mein
Schweigen in euren
Herzen spricht,
indem es euch sagt,
wer ich wirklich
bin, werdet ihr
erkennen, dass dies
das wirkliche Wort
ist, das ihr euch
von jeher zu hören
gesehnt habt.*

Die Gravitation, der alle Pla-
neten und Sterne unterliegen,
ist auf ihre Art eine schwache
Reflexion der Liebe, die jeden Winkel des Universums
durchdringt. Selbst die Kraft
der Abstoßung ist in Wahrheit
Ausdruck von Liebe, denn Dinge stoßen
sich gegenseitig ab, weil sie von anderen
Dingen stärker angezogen werden. Abstoßung ist die negative Folge von positiver
Anziehung. Die Kräfte der Kohäsion und
Affinität, die zur Bildung von Materie führen, sind positiver Ausdruck von Liebe. Ein
herausragendes Beispiel von Liebe auf dieser Ebene ist die Anziehung, die ein Mag-
net auf Eisen ausübt. Alle diese Formen

von Liebe sind von geringer Art, weil sie von dem rudimentären Bewusstsein geprägt sind, das sie hervorbringt.

Zunächst ist die Liebe noch von den vielen Wünschen gefärbt, die dem Ego-Bewusstsein entspringen. Menschliche Liebe zeigt wie bei einem Kaleidoskop verschiedene Muster und Formen. So, wie die Blumenwelt von unterschiedlichen Farbnuancen geprägt ist, drückt sich menschliche Liebe in verschiedenen Abstufungen aus.

Im Tierreich drückt sich die Liebe deutlicher in bewussten Impulsen aus, die auf verschiedene Objekte der Umgebung gerichtet sind. Diese Liebe ist instinkthaft und ihre Freude sind verschiedenartige Begierden, die auf die Aneignung passender Objekte zielen. Wenn der Tiger versucht, das Reh zu fressen, ist er auf sehr reale Weise in das Reh verliebt. Er hat es zum Fressen gern. Sexuelle Anziehung ist eine andere Art von Liebe auf dieser Ebene. Alle Erscheinungsformen von Liebe haben auf dieser Ebene eins gemeinsam, sie wollen durch das Objekt der Liebe einen körperlichen Impuls, ein körperliches Begehren befriedigen.

Menschliche Liebe ist viel höher als alle diese niederen Formen von Liebe, weil

Menschen ein voll entwickeltes Bewusstsein haben. Obwohl menschliche Liebe eine Fortsetzung der geringeren vormenschlichen Arten von Liebe ist, ist sie auf eine Art doch von ihnen verschieden, denn ein neuer Faktor kommt hinzu, die Vernunft. Manchmal zeigt sich menschliche Liebe als eine Kraft, die von Vernunft getrennt ist und neben ihr herläuft. Manchmal zeigt sie sich als eine Kraft, die mit Vernunft vermischt ist und damit in Widerspruch gerät. Letztlich drückt sie sich aus, indem sie das harmonische Ganze hervorbringt, in dem Liebe und Vernunft im Gleichgewicht und zu einer geschlossenen Einheit verschmolzen sind.

Menschliche Liebe kann also drei Kombinationen mit Vernunft eingehen. Bei der ersten Form sind die Sphäre der Gedanken und die Sphäre der Liebe so getrennt wie nur möglich, das bedeutet, die Sphäre der Liebe ist für die Vernunft praktisch unerreichbar und der Liebe wird nur geringer oder gar kein Zugriff auf die Inhalte des Denkens gewährt. Die vollständige Trennung dieser beiden Aspekte der Seele ist natürlich nicht möglich, doch wenn sich Liebe und Vernunft im Vorrang abwechseln, haben wir es mit einer Liebe zu tun, die nicht von Vernunft erleuchtet ist, und einer Vernunft, die nicht von Liebe belebt ist.

Bei der zweiten Form wirken Liebe und Vernunft gleichzeitig, aber sie arbeiten nicht harmonisch zusammen. Wenn dieser Konflikt auch Verwirrung erzeugt, ist er eine notwendige Phase in der Entwicklung einer wirklichen Synthese von Liebe und Vernunft.

Bei der dritten Form wird diese Synthese von Liebe und Vernunft verwirklicht. Dadurch werden sowohl die Liebe wie auch die Vernunft so vollständig transformiert, dass sie das Hervorkommen einer neuen Bewusstseinsebene beschleunigen, die mit dem normalen menschlichen Bewusstsein verglichen am besten als Überbewusstsein beschrieben werden kann.

Menschliche Liebe zeigt sich zunächst im Gitter des Ego-Bewusstseins mit seinen zahllosen Begierden. Liebe wird durch drei Faktoren vielfältig gefärbt. So wie ein Kaleidoskop durch Kombinationen einfacher Elemente eine ständig wechselnde Vielfalt von Mustern zeigt, sehen wir eine fast endlose qualitative Vielfalt der Liebe in Folge immer neuer Kombinationen psychischer Faktoren. Und so wie es bei verschiedenen

99

Blumen unendliche Farbschattierungen gibt, so gibt es verschiedene feine Unterschiede in menschlicher Liebe.

Menschliche Liebe ist von einer Anzahl destruktiver Faktoren umzingelt wie Vernarrtheit, Begierde, Gier, Wut und Eifersucht. Auf bestimmte Weise sind diese zerstörerischen Faktoren entweder Formen niederer Liebe oder ihre unvermeidlichen Nebeneffekte. Vernarrtheit, Begierde und Gier können als irregeleitete, niedere Formen von Liebe betrachtet werden.

Eine vernarrte Person ist in ein sinnliches Objekt verliebt; mit Begierde entwickelt sie ein Flehen nach Empfindungen in Bezug auf das Objekt; und bei Gier will sie das Objekt besitzen. Von diesen drei Arten niederer Liebe hat Gier die Tendenz, sich durch Inbesitznahme auszudehnen. So kann Gier nach Geld, Macht oder Ruhm entstehen, die dazu dienen können, die verschiedenen Objekte zu besitzen, die begehrt werden. Ärger und Eifersucht entstehen, wenn diese niederen Arten von Liebe durchkreuzt werden oder durchkreuzt zu werden drohen.

Die niederen Arten von Liebe behindern die Entwicklung reiner Liebe. Der Strom der Liebe kann niemals rein und beständig werden, bis er von den begrenzenden und verdorbenen Formen von Liebe gelöst ist. Das Niedere ist der Feind des Höheren. Wenn das Bewusstsein vom Rhythmus des Niederen gefangen ist, kann es sich nicht selbst vom selbst geschaffenen Trott befreien und voranschreiten. Deshalb behindern die niederen Formen von Liebe die Entwicklung höherer Formen und müssen auf-

> *Nicht was die Welt von uns denkt zählt, sondern was Gott von uns weiß.*

gegeben werden, um das unbeschränkte Erscheinen höherer Formen von Liebe zu ermöglichen.

Das Hervorkommen höherer Liebe aus der Schale niederer Liebe wird durch die fortgesetzte Übung der Unterscheidung ermöglicht. Deshalb muss Liebe sorgfältig von den hinderlichen Faktoren Vernarrtheit, Begierde, Gier und Wut unterschieden werden. Bei Vernarrtheit ist der Betroffene ein passives Opfer des Banns, den die vorgestellte Anziehung des Objekts ausstrahlt. Liebe hingegen schließt aktive Wertschätzung der inneren Werte des Geliebten ein.

Liebe unterscheidet sich auch von Lust. Begierde bezieht sich auf den sinnlichen Gegenstand und ordnet die Seele dem unter, Liebe aber setzt die Seele in direkte und gleichwertige Beziehung mit der Wirklichkeit, die hinter der Form liegt. Deshalb wird Begehren als schwer erfahren und Liebe als leicht. Begierde verengt das Leben und Liebe dehnt das Sein aus.

> *In der Liebe schenkt sich das Selbst ohne Vorbehalt dem Geliebten und entdeckt dabei, dass es den Geliebten in sein eigenes Wesen aufgenommen hat.*

Begierde schwächt das Leben ab und ein allgemeines Gefühl hoffnungsloser Abhängigkeit von dem entsteht, was als das Andere angesehen wird. Deshalb betont Lust die Getrenntheit und das Leiden, Liebe aber gibt das Gefühl von Verbundenheit und Freude. Begierde ist Auflösung, Liebe ist Erneuerung. Lust ist Gier der Sinne. Liebe ist Ausdruck der Seele. Lust sucht Erfüllung, aber Liebe erfährt sie. Begierde ist mit Erregtheit verbunden, Liebe ist beruhigend.

Liebe unterscheidet sich ebenfalls von Gier. Gier in allen ihren groben und subtilen Formen will besitzen. Sie sucht sich Objekte und Personen wie auch abstrakte und unbestimmte Dinge wie Ruhm und Macht. In Liebe kommt es überhaupt nicht infrage, die andere Person für dein persönliches Leben in Beschlag zu nehmen. Ein freies und erschaffendes Ausströmen belebt und regeneriert ohne jede Erwartung das physische Sein des Geliebten.

Gier will sich das Andere aneignen, führt jedoch zum entgegengesetzten Ergebnis, weil sie das Selbst vom Objekt der Begierde abhängig macht. In Liebe bietet sich das Selbst dem Geliebten ohne Einschränkung dar, doch indem es das tut, erkennt es, dass es den Geliebten in sein eigenes Sein eingeschlossen hat.

Vernarrtheit, Begehren und Gier erzeugen spirituelles Leiden, das oft durch die schlimmeren Symptome von Wut und Eifersucht deutlicher hervortritt. Reine Liebe dagegen ist das Erblühen spiritueller Vollkommenheit. Menschliche Liebe ist in diese begrenzenden Zustände so verstrickt, dass ein spontanes Auftreten reiner Liebe von innen heraus unmöglich wird. Deshalb ist es immer ein Geschenk, wenn reine Liebe in einem aufsteigt. Reine Liebe steigt im Herzen eines Suchenden als Erwiderung zum Herabkommen der Gnade auf. Wenn

> *Es gibt unter den Menschen weltweit keine Meinungsverschiedenheit darüber, dass Liebe die mächtigste Kraft ist. Der einzige, durch den wir göttliche Freude erfahren können, ist einer, der durch die Liebe transformiert worden ist.*

reine Liebe zum ersten Mal als Geschenk vom Meister empfangen wird, zieht sie ins Bewusstsein des Suchenden ein wie ein Same in fruchtbaren Boden und im Laufe der Zeit wächst der Same zu einer Pflanze und dann zu einem ausgewachsenen Baum heran.

Für das Herabkommen der Gnade ist die spirituelle Vorbereitung des Suchenden Voraussetzung. Die vorausgehende spirituelle Vorbereitung auf die Gnade ist nicht vollständig, bevor der Suchende nicht ein paar göttliche Eigenschaften in seine psychische Konstitution integriert hat. Wenn es jemand vermeidet zu lästern und mehr das Gute in anderen sieht als ihre schlechten Seiten, wenn er in höchstem Maße tolerant sein kann und für andere selbst zu seinem eigenen Nachteil das Beste wünscht, dann ist er bereit, die Gnade zu empfangen.

Eines der größten Hindernisse bei dieser spirituellen Vorbereitung sind Sorgen. Wenn das Hindernis Sorgen überwunden ist, ist ein Weg für die Entwicklung der göttlichen Eigenschaften ausgelegt, der die spirituelle Vorbereitung des Schülers ausmacht. Sobald der Schüler bereit ist, kommt die Gnade des Meisters herab, weil der Meister der Ozean göttlicher Liebe ist und ständig nach der Seele Ausschau hält, in der seine Gnade fruchten kann.

Durch die Gnade des Meisters erweckte Liebe ist ein seltenes Privileg. Die Mutter, die bereit ist, alles zu opfern und für ihr Kind zu sterben, und der Märtyrer, der sein Leben für sein Land zu opfern gewillt ist, sind beide wahrlich sehr edel, doch sie haben nicht unbedingt die reine Liebe gekostet, die durch die Gnade des Meisters geboren wird. Selbst die großen Yogis mit ihren langen Bärten, die in Höhlen und auf Bergen sitzen und vollkommen in tiefster Versenkung sind, kennen nicht notwendig diese kostbare Liebe.

*Es gibt nichts, was Liebe nicht erreichen könnte und nichts, was Liebe nicht opfern würde. Und genauso gibt es nichts jenseits von Gott und nichts ohne Gott.*

Reine Liebe, die durch die Gnade des Meisters erweckt wird, ist weit wertvoller als alles andere, was der Suchende nutzen kann. Diese Liebe vereint in sich nicht nur die Vorteile aller Disziplinen, sondern stärkt sie alle in ihrer Wirksamkeit, den Suchenden zu seinem Ziel zu führen. Wenn diese Liebe geboren wird, hat der Schüler nur einen Wunsch und der ist, mit dem Göttlichen Geliebten vereint zu sein. Dieser Rückzug des Bewusstseins von allen anderen Wünschen führt zu unbegrenzter Reinheit, deshalb reinigt nichts den Suchenden vollständiger als diese Liebe.

Der Suchende ist immer bereit, dem Göttlichen Geliebten alles darzubringen, und kein Opfer ist ihm zu groß. Alle seine Gedanken wenden sich vom Selbst ab und konzentrieren sich ausschließlich auf den Göttlichen Geliebten. Durch die Intensität dieser ständig wachsenden Liebe durchbricht er schließlich die Ketten des Selbst und wird eins mit dem Geliebten.

> *Es gibt keinen Menschen, der nicht für das höchste Ziel bestimmt wäre, geradeso wie es keinen Fluss gibt, der nicht auf dem Weg zum Meer ist.*

Das ist die Erfüllung der Liebe. Wenn die Liebe auf diese Weise ihre Erfüllung gefunden hat, ist sie göttlich geworden.

Menschliche Liebe führt zu unzähligen Verwicklungen und Schwierigkeiten. Göttliche Liebe führt zur Wiederherstellung der Einheit und Freiheit. In göttlicher Liebe sind der persönliche und der unpersönliche Aspekt vollkommen ausgeglichen, während diese beiden Aspekte bei menschlicher Liebe abwechseln vorherrschen. Wenn der persönliche Akzent auf menschlicher Liebe liegt, führt das zu völliger Blindheit für die inneren Werte an-

106

derer Formen. Wenn Liebe wie bei Pflichterfüllung überwiegend unpersönlich ist,
macht sie oft kalt, streng und mechanisch.
Pflichterfüllung ist ein erzwungenes Verhalten, doch göttliche Liebe ist
erfüllt von uneingeschränkter
Freiheit und unbegrenzter
Spontaneität. Menschliche
Liebe ist in ihrem persönlichen
und unpersönlichen Aspekt
begrenzt, doch göttliche Liebe,
die den persönlichen und unpersönlichen Aspekt vereint,
ist in Dasein und Ausdruck
unbegrenzt.

> *Das Ende aller
> menschlichen
> Fragen ist Gott, der
> Kern der Realität
> und die eine und
> einzige
> Wirklichkeit.*

Selbst die höchste Form menschlicher
Liebe ist durch Individualität begrenzt.
Göttliche Liebe steigt auf, wenn der individuelle Geist verschwunden ist. Sie ist
frei von den Ketten der Individualität. Bei
menschlicher Liebe besteht die Dualität
von Liebendem und Geliebtem fort, doch
in göttlicher Liebe werden der Liebende
und der Geliebte eins. Auf dieser Stufe tritt
der Aspirant aus dem Reich der Dualität
hinaus und wird eins mit Gott, denn göttliche Liebe ist Gott. Wenn der Liebende
und der Geliebte eins sind, ist das das Ende
und der Anfang.

Um der Liebe willen ist das gesamte Universum ins Dasein gekommen und um der Liebe willen wird es am Laufen gehalten. Gott steigt in das Reich der Illusion hinab, weil die offensichtliche Dualität des Geliebten und des Liebenden schließlich zu seiner bewussten Freude an seiner eigenen Göttlichkeit beiträgt.

> *Die Welt ist Sklave von Bedürfnissen. Die Bedürfnisse aber müssen deine Sklaven werden und das heißt, du musst lernen, moderne Erleichterungen zu nutzen, ohne dich von ihnen ausnutzen zu lassen.*

Die Entwicklung von Liebe wird durch die Spannung der Dualität bedingt und erhalten. Gott hat die offensichtliche Differenzierung in eine Vielzahl von Seelen zu ertragen, um das Spiel der Liebe fortzuführen. Sie sind seine eigenen Formen und in Beziehung zu ihnen nimmt Er gleichzeitig die Rolle des Göttlichen Liebenden und des Göttlichen Geliebten an. Als der Geliebte ist Er das wahre und endgültige Objekt ihrer Wertschätzung. Als Göttlicher Liebender ist Er der wahre und endgültige Erlöser, der sie zu sich zurückzieht. Obwohl die ganze Welt der Dualität also nur eine Illusion ist, ist diese Illusion zu einem wichtigen Zweck geschaffen worden.

Liebe ist die Spiegelung göttlicher Einheit in der Welt der Dualität. Sie begründet die ganze Bedeutung der Schöpfung. Wenn Liebe aus dem Leben ausgeschlossen wird, nehmen alle Seelen vollständige Äußerlichkeit untereinander an und die einzig möglichen Beziehungen und Verbindungen in einer solchem lieblosen Welt sind oberflächlich und mechanisch.

Durch Liebe werden die Beziehungen und Verbindungen zwischen individuellen Seelen bedeutsam. Liebe gibt all den Ereignissen in der Welt der Dualität Bedeutung und Wert. Doch obwohl Liebe der Welt der Dualität Bedeutung gibt, ist sie doch gleichzeitig eine beständige Herausforderung an die Dualität. Wenn die Liebe erstarkt, erzeugt sie eine schöpferische Unruhe und wird die wesentliche Triebkraft der spirituellen Dynamik, die schließlich dazu führt, die ursprüngliche Einheit des Seins im Bewusstsein wiederherzustellen.

> *In den Augen Gottes liegt der Unterschied zwischen reich und arm einzig in der Intensität und Wahrhaftigkeit der Sehnsucht nach IHM.*

 ## König Yudhisthira

König Yudhisthira war einer der größten indischen Helden, nicht nur, weil er ein mächtiger Herrscher war, sondern auch wegen seiner hoch entwickelten Seele. Die Königin machte ihm Vorwürfe wegen seines edlen Wesens, so wie die Leute anderen Vorwürfe machen, weil sie denken, sie würden in dieser Welt wegen ihrer Güte nicht das Beste für sich erlangen.

»Warum denkst du ständig an Gott und erweist ihm Ehre?«, fragte sie. »Was hat Er dir je gegeben? Nichts als Elend dein ganzes Leben lang. Und trotzdem bist du immer so hingebungsvoll, immer liebenswürdig und großzügig.«

Als Antwort zeigte der König auf die Himalayas. »Sieh nur«, sagte er, »die großartige Schönheit der Berge! Wie wir sie lieben. Trotzdem bitten wir sie nie um etwas. Es gibt nichts zu bitten, die Schönheit genügt. Und auf genau diese Weise liebe ich Gott.«

# Stille

Stille ist ein Ruf der unergründlichen Göttlichkeit. Lade diese Göttlichkeit in dein Herz ein, damit du dauerhaft in der Unsterblichkeit universellen Lebens gefestigt wirst, die sich vom begrenzten individuellen Leben sehr unterscheidet. Das Ego-Leben hat einen Anfang und ein Ende, die göttliche Wahrheit ist ohne Anfang und Ende. Um diese Wahrheit zu empfangen, brauchst du den Mut, über den Abgrund der Dualität zu springen.

Es ist nicht möglich, in der Wahrheit unsterblich zu werden, bevor du alle Widerstände gegen sie aufgibst. Du kannst nicht die Vorurteile der Vergangenheit mitschleppen und gleichzeitig hoffen, die Göttlichkeit in dir zu entfalten. Du musst durch die Ablagerungen deiner Evolution und Wiedergeburten hindurchkommen und vollkommen empfänglich und zugänglich für die Lektionen des Lebens werden.

Wenn du dich dem Leben direkt stellst und seine Gegensätze mit Gleichmut annimmst, während du deinen Pflichten im Geiste selbstloser Liebe nachkommst, kommst du nicht nur in Gleichklang mit der Unendlichkeit, sondern du wirst selbst zu der Unendlichkeit, die du suchst.

Lerne die Kunst, deinen Halt in der inneren Wahrheit zu finden. Wenn du in dieser Wahrheit lebst, führt das zum Verschmelzen von Verstand und Herz und zum Ende aller Ängste und Sorgen. Nicht der bloße Erwerb schlichter Kraft oder intellektuellen Wissens ist das Ziel, Liebe, die von intuitiver Weisheit erleuchtet wird, segnet dein Leben mit immer neuer Erfüllung und nie endender Lieblichkeit.

## Gewissheit

Um es zu verbildlichen, stellen wir uns Gott als Wasser, Durst auf Wasser als Liebe und Philosophie als Wünschelrute vor.

Mit Hilfe der Wünschelrute kann man die Existenz von Wasser herausfinden, ohne es tatsächlich zu sehen. Das ist Gewissheit ohne Sehen und Wissen ohne Erfahrung. Wenn man keinen Durst auf

Wasser hat, wird man sich mit dieser intellektuellen Gewissheit begnügen. Doch wenn man sich nach Wasser sehnt, wird man eifrig alle Schwierigkeiten auf sich nehmen, bis man es hat. Wenn man es sieht, das versteht sich von selbst, wird der Wunsch, es zu trinken, sehr stark, und dieser überwältigende Wunsch wir einen dazu bringen, es zu trinken.

*Du bist ein Teil des einen unteilbaren göttlichen Lebens, es gibt kein einziges Atom, dass nicht von göttlichem Leben erfüllt ist.*

Es gibt Millionen, die an Gott glauben, aber sich überhaupt nicht darum scheren, IHN zu sehen. Sie begnügen sich mit intellektueller Gewissheit. Doch die wirklich spirituellen Gemüter können sich mit der intellektuellen Gewissheit, die letztlich schal ist, nicht begnügen. Es ist weitaus besser, spirituell rastlos zu sein, als sich so zu begnügen. Man muss sich danach sehnen, nicht nur nach der Gewissheit durch Sehen, sondern nach der Gewissheit durch Verwirklichung, denn Gott kann nicht nur gesehen, sondern auch verwirklicht werden.

## Gottvertrauen

Der Ausweg ist, den Hass zu beenden und zu lieben, keine Ansprüche mehr zu haben und statt dessen zu geben, die Unterdrückung aufzugeben und zu dienen. Vertraue Gott vollständig und ER wird deine Probleme lösen. Überlass alles vertrauensvoll IHM und ER wird sich dir offenbaren. Diese Liebe bedarf keiner Zeremonien oder Shows. Dein Herz muss so lieben, dass es dein Verstand nicht einmal merkt.

## Vertrauen

Sorge dich nicht. Sei glücklich in Liebe zu MIR und stehe bis zum Ende zu MEINER Liebe. Ruhe in Zuversicht, dass alles Göttliche gut sein wird. Gott gibt die nicht auf, die ihm vertrauen.

Liebe und Verständnis verdammen nie, sondern wollen helfen und ermutigen. Männer und Frauen haben sich von den

Sitten und Gesetzen der Wahrheit und Göttlichkeit entfernt, doch Gott verdammt uns niemals oder weist uns von seiner Tür zurück. Deshalb sollten wir nicht einmal die verdammen, die uns verdammen. Ihr seid gesegnet, jene zu verstehen und zu lieben, die euch zu helfen versuchen, euren Platz in Gottes Werk einzunehmen, indem ihr seiner Menschheit dient.

## Größe

Es sind nicht allein die großartigen und prachtvollen Dinge im Leben, die mit spiritueller Bedeutung aufgeladen sind. Etwas muss nicht ungewöhnlich oder besonders sein, um spirituell bedeutend zu sein. Das Ungewöhnliche und Bewegende besteht in Beziehung zum Üblichen und Gewöhnlichen und ist nicht unbedingt Ausdruck absoluter spiritueller Anmut. Deshalb ist es nicht notwendig, große Summen zu spenden, um spirituelle Größe zu zeigen. Ein armer Mann kann das vielleicht gar nicht und kann trotzdem spirituell sein, wenn er spendet, was er kann. Es ist nicht

der Betrag, der das Geschenk mit spiritueller Bedeutung ausstattet, es ist der Geist,
in dem es gegeben wird. Tatsächlich sind
große Spenden nicht selten von Stolz oder
selbstsüchtigen Motiven begleitet und verlieren dadurch
ihren spirituellen Wert. Selbst
eine kleine Spende, die in Be-
scheidenheit und vollkommen
selbstloser Liebe gegeben wird,
hat einen viel größeren spirituellen Wert.

> *Wenn du die*
> *Wahrheit als den*
> *wahren Kern*
> *deines Seins*
> *erkennst, bis du*
> *von aller Furcht*
> *und Hilflosigkeit*
> *erlöst.*

Ein spirituelles Leben ist keine Sache von Menge, sondern
innerer Qualität. Spirituelle
Unendlichkeit umfasst alle Stufen des Lebens. Es umfasst großartige Handlungen
ganz genau so wie kleine. Auch wenn sie
größer als das Größte ist, so ist spirituelle
Grenzenlosigkeit ebenso kleiner als das
Kleinste. Sie drückt sich nach außen hin
gleichermaßen durch große wie kleine
Ereignisse aus. Deshalb steht ein Lächeln
oder ein Blick auf der gleichen Stufe wie
die Hingabe seines Lebens für eine Sache,
wenn das Lächeln oder der Blick dem Bewusstsein der Wahrheit entspringt.

Es gibt keine Abstufungen in spiritueller
Bedeutung, wenn das Leben vollkommen

unter dem Einfluss der Ewigkeit gelebt wird. Wenn das Leben nur aus großen Angelegenheiten bestehen würde und all die kleinen Dinge aus seiner Reichweite verbannt würden, wäre es nicht nur begrenzt, sondern auch ausgesprochen ärmlich. Die unendliche Wahrheit, die in allem verborgen ist, kann sich nur ausdrücken, wenn das Leben in seiner Ganzheit gesehen und angenommen wird.

*Alles, was wirklich wahr ist, wird im Schweigen empfangen.*

Begrenzungen entstehen durch egoistische Wünsche und Eigenwillen. Eine besitzergreifende Art führt in all ihren Schattierungen zu einem Leben in Begrenztheit. Wenn zum Beispiel jemand die Liebe eines anderen begehrt, statt aber die Liebe dieser Person zu gewinnen, folgt daraus eine Verengung und Verwicklung der Seele und es entsteht ein intensives Bewusstsein von Begrenzung. Das ist der Ursprung des Schmerzes erdrückender Eifersucht.

Wenn man die Situation jedoch mit einem Herzen betrachtet, das von Sehnsucht gereinigt ist, erkennt man die von dem anderen empfangene Liebe in ihrer natürlichen Schönheit und mit der Klarheit der Wahrnehmung, die dadurch möglich wird, dass man nicht besitzergreifend ist, und wird nicht nur die Freiheit der Nicht-Dualität kosten, sondern auch ihre Freude. Wenn jemand anderes geliebt wird, dann ist es, als würde man selbst geliebt, weil man nicht mehr auf die Ansprüche an eine begrenzte Form besteht, sondern sich mit dem Leben in all seinen Formen identifiziert.

## Wirkliches Glück

Wenn jemand nur an sich denkt und nur für sich allein Glück sucht, wird er gefühllos und grausam, doch das fällt auf ihn selbst zurück, indem es die eigentliche Quelle seines Lebens vergiftet. Ein liebloses Leben ist nicht gerade liebenswert, nur ein Leben in Liebe ist das Leben wert.

Wenn man frei von Begierden ist, erspart das nicht nur viel Leid, das man anderen zufügt, sondern auch vieles Leiden, das man sich selbst schafft. Doch Genügsamkeit allein schafft noch kein Glück, wenn sie auch vor selbst gemachtem Leiden schützt und viel dazu beiträgt, wirkliches Glück zu ermöglichen.

Wirkliches Glück beginnt, wenn man die Kunst erlernt, sich richtig auf andere Menschen einzustellen und das erfordert Selbstvergessenheit und Liebe. Das zeigt die spirituelle Bedeutung, das Leben eines begrenzten Selbst in ein Leben der Liebe zu wandeln.

## Die höchste Übung

Selbstsucht entspringt Unwissenheit, Selbstlosigkeit ist der Ausdruck der Wahrheit. Das paradoxe an selbstlosem Handeln ist, das es dir in Wirklichkeit weit mehr einbringt, als unwissende Selbstsucht jemals könnte.

Selbstsucht führt zu einem engen Leben, das sich um die falsche Vorstellung eines begrenzten und getrennten Individuums dreht. Selbstloses Handeln trägt dazu bei, die Illusion der Getrenntheit zu überwinden und zeigt sich als Tor zum unbegrenzten Leben, wo die Allselbstheit verwirklicht wird.

119

Was jemand hat, kann verloren gehen, und was er zu haben begehrt, mag nie zu ihm kommen, doch wenn er sich von etwas in dem Geist trennt, es Gott darzubringen, dann ist es bereits zu ihm zurückgekommen. Das ist die Übung des Karma Yoga.

> Gott kann in seinem Wesen nicht verstanden werden, bis er selbst als unendliche Liebe verstanden wird.

Wichtiger noch als die Übung des Wissens oder Handelns (Karma Yoga) ist *Bhakti* (Liebe). Liebe ist ihr eigener Grund für ihr Dasein. Sie ist vollständig in sich selbst und muss durch nichts ergänzt werden. Die größten Heiligen waren zufrieden mit ihrer Liebe zu Gott und begehrten nichts weiter.

Liebe ist keine Liebe, wenn sie mit irgendwelchen Erwartungen verbunden ist. Durch die Intensität der göttlichen Liebe wird der Liebende eins mit dem Göttlichen Geliebten. Es gibt keine Übung, die größer ist als Liebe. Es gibt kein Gesetz, das höher steht als Liebe. Und es gibt kein Ziel jenseits von Liebe, weil Liebe auf ihrer göttlichen Ebene unendlich wird.

Gott und Liebe sind identisch und wer von göttlicher Liebe erfüllt ist, hat Gott bereits verwirklicht.

## Gottverwirklichung

Jedes Wesen ist ein Punkt, von dem aus-gehend der unbegrenzte Ozean der Liebe, der Seligkeit, des Wissens und der Gött-lichkeit verwirklicht werden kann, der bereits in ihm ist. Die Vollendeten, die ein normales Bewusstsein und einen Körper behalten, selbst wenn sie die unveränder-liche und absolute Wahrheit erkannt ha-ben, verweilen auf ewig in göttlicher Lie-be, die alle Dualität und alles Verstehen übersteigt. Sie genießen unvergänglichen und unerschütterlichen Frieden, weil sie das höchste Ziel der Schöpfung erreicht haben.

Liebe ermöglicht es Menschen, Gott zu werden. Wenn Gott Menschengestalt an-nimmt, dann tut er es aus Liebe. Gottver-wirklichung entsteht durch Liebe zu Gott und indem in allem Gott gesehen wird. ICH bin auf allen Ebenen eins mit dir, doch du weißt das nur, wenn das Ego und der Ver-stand nicht dazwischen funken. Gott allein ist der GELIEBTE, für den wir existieren. Wer nichts will, bekommt alles. Nichts bedeutet nichts. Und jemand, der nichts will, wird nie enttäuscht.

Hafiz sagt: Bitte nicht um Einheit mit Gott und klage nicht über die Trennung. Frage nur nach dem Willen des Geliebten. Bevor ich mit meinem Geliebten in Einheit zusammenkam, habe ich alles verloren, mein Ego, meinen Verstand und niedriges Bewusstsein, doch Gott sei Dank habe ich meinen Sinn für Humor nicht verloren.

> *Gott kann nicht erklärt noch verstanden werden. Gott kann nur gelebt werden.*

Nur ein reines Herz kann Gott schauen. Christus, seine Jünger und die christliche Mystik verweisen mit Nachdruck auf die Reinheit des Herzens. Auch Mohamed und seine Imame betonen die Reinheit des Herzens, ebenso Zoroaster und die Magis oder Krishna und die vedische Tradition. Was bedeutet das? Was ist das Herz, was der Verstand? Ist nur das physische Organ gemeint oder etwas Tieferes?

Ein Sufi hat gesagt: Das Reich der Liebe ist unendlich höher als die Ebene des Verstandes. Nur der Eine von Millionen und Milliarden Menschen kann die Schwelle des Geliebten berühren und küssen, der sein Leben im Ärmel hat.

Das ist eine wörtliche Übersetzung. Gemeint ist, wenn du deinen GELIEBTEN sehen willst, musst du mit deinem Kopf in der Hand vor ihn treten, weil der Verstand niemals den EINEN erreichen kann, der allen Verstand transzendiert. So verstehen wir, dass Gott niemals verstanden werden kann. Er ist nicht sichtbar, weil er unendlich sichtbar ist. Nur das Auge, das nicht durch einen Schleier von Begierden oder Ego verhängt ist, kann ihn überall erkennen.

## Zeichen der Erleuchtung

Ein gewöhnlicher Mensch kann nicht unbedingt hinreichend gut zwischen den verschiedenen Stufen spiritueller Verwirklichung unterscheiden. Er mag erkennen, dass eine Seele fortgeschritten ist, aber nicht das Ausmaß des Fortschritts. Doch wenn ein aufrichtiger und geduldiger Wahrheitssucher mit einer spirituell vollendeten Person zusammentrifft, wird er gewisse äußere Anzeichen erkennen können, die untrennbar mit spiritueller Vollendung verbunden sind.

Die drei wichtigsten Zeichen sind Vollendung, Glückseligkeit und Kraft.

Vollendung ist nicht nur Einheit mit Gott, sondern die beständige und ununterbrochene Erfahrung der Einheit mit allem. Ein vollendeter Meister erfährt und erkennt sein eigenes Selbst ständig und ohne Unterbrechung als das Selbst von allem. Diese innere Erfahrung manifestiert sich objektiv in der spontanen Liebe, die so jemand für die gesamte Schöpfung empfindet und zum Ausdruck bringt. Für ihn ist nichts anziehend oder abstoßend. Gut und schlecht, Heiliger und Sünder, Schönheit und Hässlichkeit, Weisheit und Dummheit, Gesundheit und Krankheit sind alles Formen seiner eigenen Manifestation. Wenn verkörperte Vollkommenheit irgendein lebendes Geschöpf liebt, streichelt oder nährt, dann fühlt und genießt sie, als liebe, streichele oder nähre sie ihr eigenes Selbst. In diesem Zustand ist keine Spur von Verschiedenheit übrig.

Das zweite Zeichen ist die Atmosphäre von Glückseligkeit, die Vollkommenheit in ihrer unmittelbaren Umgebung ausstrahlt, eine Atmosphäre, die ein Fremder, der sie

> *Erst wenn das menschliche Herz entriegelt ist, kann eine neue Liebe in ihm geboren werden.*

124

sucht, nicht verkennen kann. Ein vollkommener Meister genießt nicht nur unbegrenzte Glückseligkeit, sondern erfährt
auch universales Leiden. Die Heftigkeit des
Leidens wird jedoch durch das
überwältigende Empfinden
von Glückseligkeit überstrahlt.
Deshalb kann Vollkommenheit
angesichts jeder Art von Leiden nach außen hin glückvoll
still erscheinen.

> *Ich bin der göttliche
> Geliebte, der dich
> mehr liebt, als du
> dich je selbst zu
> lieben vermagst.*

  Das dritte Zeichen von Vollkommenheit ist seine Kraft, sich auf jede
Ebene von Menschlichkeit einzustellen. Sie
kann auf einem Thron genauso selbstver-
ständlich sein wie in der Gosse. Sie kann
bei den Armen ganz natürlich sparsam
sein, bei den Reichen extravagant, majes-
tätisch bei Königen, weise bei Gebildeten
und einfach bei den Ungebildeten und
Dummen. So wie ein Meister der Buchsta-
ben Anfängern die Sprache anders lehrt als
Fortgeschrittenen, so passt sich auch ein
vollendeter Meister dem Niveau jener an,
die er spirituell erheben möchte.
  Ein vollendeter Meister ist ein reines Wesen und weil er reine Liebe in den Menschen auslöst, erschafft er etwas, was kein
Mensch kann. Wir müssen immer daran

denken, dass die höchste menschliche Liebe nicht die höchste absolute Liebe ist. Göttliche Liebe ist der höchste Aspekt der alles durchdringenden Liebe.

> *Ich bin gekommen, nicht um zu lehren, sondern um zu erwecken.*

Jemand, der göttliche Liebe empfängt, empfängt Gott. Göttliche Liebe ist jenseits von Vernunft und Intellekt. Niemand kann diesen höheren Aspekt von Liebe in sich selbst erschaffen. Die göttliche Liebe wird empfangen, nicht erzeugt. Sie ist eine Gnade des Gottesmanns.

Philosophien und intellektuelle Übungen machen dich verstandesmäßig sicher, die Existenz Gottes betreffend. Doch es ist allein die Liebe zu Gott, die göttliche Liebe, die es einem ermöglicht, IHN zu finden, Ihn tatsächlich zu sehen – und eins mit IHM zu werden. Ohne die göttliche Liebe kann spiritueller Fortschritt niemals beständig und sicher sein. Sie ist die wahre Seite der Religion und das Einzige, das den Gefühlsaspekt des spirituellen Weges hervorbringt und entfaltet.

Die höchste Form der Liebe ist frei von jeder Hoffnung, Absicht, Begierde oder Erwartung – in anderen Worten, vollkommen selbstlos und absichtslos.

126

 ## Liebe hilft dir

1 alles zu vergessen, was du mit dem Verstand gelernt hast, dich nicht an die Vergangenheit zu erinnern, die Gegenwart zu vergessen und nicht über die Zukunft nachzudenken.

2 allem und allen zu entsagen, auch deinem eigenen Selbst.

3 allem Illusorischen zu entkommen und Zuflucht bei der Wirklichkeit zu finden.

4 alle deine Sehnsüchte und Verlangen zu verbrennen und den einen und einzigen Wunsch zu entzünden – Einheit mit dem göttlichen Geliebten.

5 Gott zu werden, Gottes Leben zu leben und andere zu Gott für dich zu machen.

6 dich des göttlichen Geschenks SEINER Liebe würdig zu erweisen und all deine Gedanken, Worte und Taten von dem beständigen Gewahrsein Gottes durchdringen zu lassen.

127

## Sein Leben

Meher Baba wurde am 25. Februar 1894 als Merwan Sheriar Irani in Poona, Indien, geboren. Seine Eltern, Sheraiar und Shirin, waren Zarathustrier iranischer Herkunft (Parsen). Merwan verbrachte eine glückliche Kindheit. Er war ein aufgeweckter, frohgemuter Junge, der sich in der Schule ebenso auszeichnete wie im Sport.

Im Alter von zwölf Jahren entwickelte er eine ungewöhnliche Angewohnheit. Er verschwand oft, um stundenlang beim Turm des Schweigens zu sitzen. Schweigetürme werden unweit einer Ortschaft errichtet, etwas abseits und erhöht. Oben auf diesen Türmen legen die Parsen ihre Verstorbenen zur letzten Ruhe und übergeben sie damit den Geiern zum Fraß. Weil Merwans Vater und Großvater in ihrem persischen Dorf Wärter des Schweigeturms gewesen waren, betrachtete der junge Merwan diesen Turm bei Poona ganz natürlich als einen Ort, sich in die Einsamkeit zurückzuziehen.

Nachdem er das katholische St. Vinzenz-Gymnasium in seiner Geburtsstadt absolviert hatte, begann er 1911 ein Studium an der Dekkan Universität.

Als junger Mann war Merwan mittelgroß und schlank. Er hatte, wie in Filmaufnahmen zu sehen ist, einen leichten, beschwingten Gang, in dem er manchmal an einem Tag fünfzig und mehr Kilometer zurücklegte und das oft viele Tage hintereinander. Sein Körper schien fest und gleichzeitig so durchlässig, als ob er eine gewichtslose Körperlichkeit hatte. Seine Haare trug er in den frühen Jahren schulterlang, später zu einem Zopf im Nacken geflochten. Da er persischen Ursprungs war, hatte er mittelhelle und sehr empfindliche Haut.

1913 gab es ein Ereignis, das seinem scheinbar normalen Leben ein plötzliches Ende bereitete und eine entscheidende Wende gab: Es war die Begegnung mit der muslimischen Greisin Hazrat Babajan. Sie galt als einer der fünf vollkommenen Meister jener Zeit. Man sagte, sie sei damals hundert Jahre alt gewesen und seit ihrem 65sten Lebensjahr gottverwirklicht. Sie lebte unter einem Baum. Es ist in Indien nicht ungewöhnlich, dass sich Heilige zwischen den Wurzeln eines Baumes ein Obdach einrichten.

130

Als Merwan eines Tages wie gewohnt mit dem Rad an dem Baum vorbeifuhr, unter dem Babajan lebte, schaute sie auf. Ihre Augen begegneten sich. Sie winkte ihn zu sich und küsste ihn auf die Stirn zwischen die Augenbrauen. Kein Wort wurde gesprochen. So zerriss Babajan den Schleier und offenbarte Merwan seinen wahren Stand als Avatar, als Manifestation Gottes in Menschengestalt.

*Das Buch, das ich den Menschen zu lesen gebe, ist das Buch des Herzens, in dem das Geheimnis des Lebens verborgen ist.*

Babajans Kuss löste tief gehende Umwälzungen aus. Noch am gleichen Abend verspürte er heftigen Kopfschmerz, als ob sein ganzer Körper von Elektroschocks geschüttelt würde. Gleichzeitig erfuhr er höchste Glückseligkeit. Dann wurde er bewusstlos. Am nächsten Morgen fand ihn seine Mutter mit ausdruckslosen Augen im Bett, unfähig sich zu bewegen oder zu sprechen. Erst nach einigen Tagen kehrte etwas Leben in ihn zurück, doch blieb er für die nächsten neun Monate in einem tranceähnlichen Bewusstsein. Er verlor jegliches Interesse an seiner Umgebung. Manchmal saß er tagelang an seinem früheren Lieblingsplatz, dem Turm des Schweigens.

131

Seine Eltern waren verzweifelt. Sie glaubten, er sei verrückt geworden. Selbst ärztliche Behandlungen blieben erfolglos. Merwan sagte über sich in dieser Zeit: »Neun Monate war ich in einer Verfassung, die nur sehr wenige kennen. Ich hatte kein Bewusstsein von meinem Körper oder von irgendetwas sonst. Die Ärzte konnten nichts tun. Nur mein Vater verstand, aber er sagte nichts. Ich war in einem Zustand solcher Qualen, wie sie sich niemand auf der Welt vorstellen kann. Ich funktionierte wie ein Automat mit Intuition.«

1914 kehrte sein Bewusstsein allmählich zurück. Merwan erklärte, dass ihn der Kuss, den ihm Babajan auf die Stirn gegeben hatte, in Glückseligkeitsbewusstsein (*Sat-Chit-Ananda*) versetzt hätte: »Ich war von ihr angezogen, wie Stahl von einem Magneten.« Für die Aufgabe, die er erfüllen sollte, musste er aber in das Bewusstsein der Dualität zurückkehren, ein höchst qualvoller und schmerzhafter Prozess.

In den folgenden Monaten vermochte Merwan sein Bewusstsein allmählich wieder so weit auf seine Umwelt zu richten, dass er regelmäßig den vollkommenen Meister Shirdi Sai Baba aufsuchen konnte. Der schickte ihn schließlich zu einem anderen der damals fünf vollkommenen Meister, Upasni Maharaj von Sakori. Während der folgenden sieben Jahre vereinte Upasni Maharaj das Gottesbewusstsein, in dem Merwans war, in so vollkommener Weise mit dem Bewusstsein der Erscheinungswelt, dass Merwan seine Lebensaufgabe als der Avatar seines Zeitalters aufnehmen konnte.

So begann er 1921 sein öffentliches Wirken mit der Berufung der ersten Schüler, die ihm den Namen Meher Baba gaben, das heißt, barmherziger Vater. Upasni Maharaj erklärte Meher Baba als gottverwirklicht und wies einige seiner eigenen Schüler an, nun Meher Baba zu folgen. So war Merwan mit 27 Jahren Meher Baba geworden und war bereit, seine Lebensaufgabe für die Menschheit zu beginnen.

Nach monatelanger intensiver Arbeit mit seinen Schülern und Wanderungen durch Indien, einschließlich des heutigen Pakistan und den Iran, ließ sich Meher Baba 1923 in der Nähe von Ahmednagar im indischen Staat Maharashtra nieder. Hier entstand die kleine Siedlung Meherabad mit einem Krankenhaus, einer Tagesklinik, Unterkunft für die Armen, die Gemütskranken (*Masts*) und die Leprakranken, die

Baba besonders am Herzen lagen und die er persönlich pflegte. Mit unendlicher Liebe und Sorgfalt wusch er ihre Füße, beugte seine Stirn auf die oft bis zur Unkenntlichkeit entstellten Gliedmaßen, auf denen sie einherhumpelten, und sandte sie mit kleinen Gaben und neuer Hoffnung auf ihren weiteren Weg. »Sie sind wie herrliche Vögel in hässlichen Käfigen«, gab er bei dieser Arbeit einmal zu verstehen. »Von allen Aufgaben, die ich zu erfüllen habe, bewegt mich diese am tiefsten.«

Meher Baba kannte weder Religions- noch Kastenunterschiede. In seiner bedingungslosen Liebe diente er Muslime, Parsen und Hindus, Brahmanen wie Unberührbaren gleichermaßen.

In den dreißiger Jahren unternahm Meher Baba ausgedehnte Reisen durch die ganze Welt. Er besuchte mehrmals Amerika, England, Frankreich, Spanien, Italien und die Schweiz. Er reiste nach Ägypten, in den mittleren Osten, nach China, Japan und später auch Australien. Er liebte es, auf diesen Reisen Inkognito zu wahren. Von den Hunderten von Personen, mit denen Meher Baba damals im Westen Kontakt aufnahm, erlaubte er nur wenigen, später in kleinen Gruppen für einige Wochen bis zu mehreren Jahren nach Indien zu kommen.

Weitere Reisen in den Westen folgten in den Jahren 1952, 1956 und 1958. Danach verließ Meher Baba Indien nicht mehr und gestattete seinen Anhängern im Ausland nur noch zu seltenen Gelegenheiten, ihn zu besuchen. Eine dieser Gelegenheiten war das Ost-West-Treffen im November 1962, als auf seine Einladung hin Tausende aus aller Welt nach Poona kamen, um den Segen des Avatars zu empfangen. Bei dieser Begegnung wurde Wirklichkeit, was so oft als Notwendigkeit postuliert worden ist: Das Zusammenfinden von Ost und West, die Überbrückung tiefer Unterschiede in Tradition und Kultur, hier möglich geworden durch die einigende Liebe des Avatars.

Meher Babas Wirken wurde auch durch sein Schweigen nicht unterbrochen, das er nach Vorankündigung am 10. Juli 1925 begann. Als man ihn damals fragte, wie er denn im Schweigen weiterhin lehren und reisen könne, antwortete er: »Ich bin gekommen, nicht um zu lehren, sondern um zu erwecken. Dinge, die wirklich sind, werden im Stillen geschenkt und empfangen.«

Immer wieder betonte er nachdrücklich, dass die Wahrheit bereits wiederholt von den Großen der Vergangenheit verkündet worden sei und dass es für die Menschheit heute darum gehe, diese wiederholt offenbarte Wahrheit zu verwirklichen. Es sei seine Botschaft, die Menschen zu dieser Verwirklichung zu erwecken – durch seine Botschaft der Liebe.

Sein Leben ist der Maßstab, an dem der Mensch ablesen kann, was er ist und was er zu werden berufen ist. Eines der großen Wunder der Begegnung mit Meher Baba war das Gefühl des Angenommenseins. Charles Purdom schreibt in seinem biographischen Werk über Meher Baba »The God-Man«: »Er ermutigt die Menschen, sich selbst zu betrachten, ihr egoistisches Selbst hinzunehmen, nicht als gut oder schlecht, klug oder dumm, sondern als Illusion ihres wahren Selbst, und aufzuhören, sich mit dieser Illusion zu identifizieren.«

In jenen, die sich zu ihm hingezogen fühlen, löst Meher Baba über Zeit und Raum hinweg überraschende Antworten aus, doch wie er das tut, weiß niemand wirklich zu sagen. Alles, was das Individuum spürt, ist eine mächtige, heilende Kraft, die sein inneres Wesen in einer Weise belebt und befreit, der man intuitiv vertraut.

Eine weitere Besonderheit seiner vielseitigen Tätigkeiten während der fünf Jahrzehnte seines Wirkens in der Welt war die Arbeit mit den Gottberauschten. Gottberauschte oder Masts, wie man sie in Indien nennt, sind Pilger des geistigen Pfads, die von der Erfahrung der Gottesliebe so überwältigt sind, dass sie den Kontakt zur Welt verlieren.

Obgleich sie sich oft wie psychisch Gestörte benehmen, sind sie in keiner Weise mit solchen gleichzusetzen. Der Zustand der Gottberauschung (masti) ist von Meher Baba am ausführlichsten in Dr. William Donkins Buch »The Wayfarers« dargelegt worden. Vor allem in den vierziger Jahren suchte Meher Baba auf dem gesamten indischen Subkontinent Hunderte dieser Gottberauschten auf, pflegte sie eigenhändig und gab jedem das, wessen er oder sie auf dem weiten Weg zu Gott bedurfte und um das nur derjenige wusste, der es gab.

Meher Baba lebte äußerst bescheiden, aß einfachste Nahrung und reiste unter einfachsten Bedingungen. Dabei strahlte er Würde und Autorität aus. Er war von entwaffnender Liebenswürdigkeit. Allein schon in seiner Gegenwart zu sein, bedeutete für viele Menschen eine tief greifende Erfahrung. Einige brachen in Tränen aus, als sie ihn zum ersten Mal sahen, andere warfen sich ihm zu Füßen. Viele konnten sich ein plötzliches Seligkeitsbewusstsein in seiner Anwesenheit nicht erklären. Jedem Menschen, der in seine Nähe kam, begegnete Meher Baba ganz individuell und immer wieder neu. Es war, als würde er immer genau das verkörpern, worauf der Betreffend schon sein ganzes Leben lang gewartet hatte.

Worauf warten wir alle unser Leben lang? Auf eine intensive Erfahrung der Liebe. Meher Baba strahlte solche Liebe aus, dass es sogar ganz zufälligen Besuchern vorkam, als ob er gerade sie auf eine ganz besondere Art lieb hätte. Liebe war das Hauptprinzip seiner Lehre. Er erklärte, nur durch göttliche Liebe sei die Verwirklichung eines jeden einzelnen Menschen möglich: »Liebe ist der Weg, Liebe ist das Ziel.« Sein Leben war das konkrete Beispiel seiner hohen Ideale.

Die letzten zehn Jahre seines Lebens verbrachte Meher Baba in völliger Zurückgezogenheit in Meherabad. Den Vielen, die seine physische Gegenwart suchten, erklärte er, sein universales Werk sei innerer Natur und erfordere in dieser Phase keinen physischen Kontakt mehr mit seiner Person. Die Führung und Gnade des Avatars ist nicht bloß während seiner leiblichen Anwesenheit in der Welt verfügbar. Er kommt nicht nur für die Menschen der jeweiligen geschichtlichen Gegenwart, sondern auch für die Generationen danach und bleibt jedermann zugänglich.

In dieser letzten Lebensphase widmete sich Meher Baba bis zur Erschöpfung seinem inneren universalen Werk. Gleichzeitig nahm die Zahl derer explosionsartige zu, die sich ihm in ihrer Suche nach dem Sinn des Daseins zuwandten. Bei seinem Heimgang, am 31. Januar 1969, kamen Tausende, um einen letzten Blick auf die geliebte Gestalt zu werfen, die sieben Tage lang im Grabgewölbe in Meherabad aufgebahrt blieb.

Meher Babas Ruhestatt in der Nähe von Ahmednagar ist heute Pilgerort unzähliger Gottsucher aus der ganzen Welt, doch sein Vermächtnis an die Menschheit ist weit mehr, als alle gesprochenen und geschriebenen Worte vermitteln können: »Das Buch, das ich die Menschen lesen lehre, ist das Buch des Herzens.«

Das ewige »Ich bin«

ist die einzige Wirklichkeit,

die immer war, immer ist

und immer sein wird.

# Inhaltsverzeichnis